编辑素养丛书

给青年编辑的十六堂课 ②

马国仓 / 主编

人民教育出版社
·北京·

顾　　问：聂震宁
主　　编：马国仓
执行主编：左志红
编　　者：张君成　尹　琨　刘蓓蓓　何灵秀

策　　划：张华娟
责任编辑：王　鑫
特约编辑：何灵秀
书籍设计：胡白珂

图书在版编目（CIP）数据

给青年编辑的十六堂课. ② / 马国仓主编. —北京：人民教育出版社，2021.10

ISBN 978-7-107-36153-1

Ⅰ. ①给…　Ⅱ. ①马…　Ⅲ. ①编辑工作　Ⅳ. ①G232

中国版本图书馆CIP数据核字（2021）第217529号

给青年编辑的十六堂课②

出版发行	人民教育出版社
	（北京市海淀区中关村南大街17号院1号楼　邮编：100081）
网　　址	http://www.pep.com.cn
经　　销	全国新华书店
印　　刷	北京盛通印刷股份有限公司
版　　次	2021年10月第1版
印　　次	2021年11月第1次印刷
开　　本	890毫米×1240毫米　1/32
印　　张	5.25
字　　数	105千字
定　　价	33.00元

版权所有・未经许可不得采用任何方式擅自复制或使用本产品任何部分・违者必究
如发现内容质量问题、印装质量问题，请与本社联系。电话：400-810-5788

序

"编辑素养丛书"是人民教育出版社策划的一套丛书,关注编辑发展,重视对青年编辑的培养,是这套丛书策划的初衷。聂震宁先生的《致青年编辑的十二封信》是该丛书的第一本,而马国仓先生主编的这两本《给青年编辑的十六堂课①》《给青年编辑的十六堂课②》是后续的接力,由国内多位知名度很高的编辑家,或者成长性良好的优秀编辑向读者讲授自己从业的经历和体验。从这些娓娓道来的故事中,我们可以比较深入地了解编辑家或优秀编辑的标志及这些标志形成的主客观原因。

(一)

关于编辑家或优秀编辑的标志,从书稿中,我们能够最直截了当、明白无误地发现,作为编辑家或优秀编辑,首先要有编辑业务的代表作,并且,这些代表作是为业内外和社会所广泛承认的。这些代表作往往与党和国家的经济建设、政治建设、文化建设、社会建设、生态文明建设等内在地、紧密地连接在一起,直接或间接地服务于后者,为中华人民共和国软实力和硬实力的壮大发展作出了突出贡献。这些编辑家或优秀编辑把自己的心血与智慧融入作品,将其铸成精品。这些精品中的绝大多数都获得过中央层面或部委层面的重要奖项,比如"五个一工程"奖、中国出版政府奖、中华优秀出版物奖等,甚至是数次获得上述荣誉。龙世辉从杂七杂八的稿纸堆里发现了长篇小说的好坯子,并亲手改写了其中的若干章节,促成了《林海雪原》这部小说的声名鹊起、誉满天下,实现了两个效益的高度统一。路遥的《平凡的世界》在被冰冷地退稿后,被中国文联出版社一位具有深邃眼光的编辑起死回生,最后获得了茅盾文学奖,至今仍为畅销书。韩敬群策划并主持编撰的"百年人生丛书""大家小书",黄一九的《九亿农民健康教育读本》《湘名医典籍精华》《湖南药物志》,吴雪梅的《现代分子生物学》《基础生命科学》,杨宗元的《康德著作全集》《马克思的复仇》《饶宗颐二十世纪学术文集》等都获得了中国出版政府奖或其他国家级的重要奖项。一个出版社若想健康地生存发展下去，必须把社会效益放在第一位，然后追求两个效益的有机统一。如果仅追求经济效益，也许会赚到很多钱，但是若干年后，人们能记住的只是那些品牌书是哪家出版社出版的，而出版社当时的经济效益究竟如何，则往往被岁月冲刷而去。同理，编辑编了很多好书，未必能被认定为编辑家或优秀编辑，但作为编辑家或优秀编辑，则必然有公认的代表作、品牌作。

循着编辑家或优秀编辑的代表作追溯而去，就会发现他们均具备相当的选题策划能力。比如，黄一九的《九亿农民健康教育读本》是脑子里刻印着"健康中国"的国策，脚底下踩着黄泥策划出的选题。霍金的《时间简史》最早出版的中文版只能印300册，几年后，以"第一推动丛书"名义出版，则发行了几十万册。吴雪梅入职后，一直关注着生物学领域的前沿动态，当她意识到生命科学研究已经全面进入分子水平，预见到这门课程将会在越来越多高校开课，于是策划了《现代分子生物学》的选题。该书出版后，首印5000册当年销售一空，目前已出至第5版，累计销量超过50万册，还曾获得第四届国家图书奖提名奖。

编辑家或优秀编辑还很善于抽线拔丝、见微知著找选题。首届"中国十大优秀出版编辑"之一、文物出版社的蔡敏，特别善于从一些蛛丝马迹中发现并捕捉到很有价值的选题。比如，他发现《黄文弼历史考古论集》的附录是其后代整理的黄文弼当年参加西北科学考察团的部分日记，于是提出将日记单独出版的选题建议，这就有了《黄文弼蒙新考察日记》的出版，该书成为出版界关注西北考察团的早期著作之一。再如编《西藏考古调查日记》的过程中，他发现相关的建筑插图颇具史料研究意义，于是又有了《藏传佛教寺院考古》的选题策划与出版，该书奠定了我国西藏佛教考古学的基础。

当然，真正做好选题策划，把选题策划做到极致，还要像青岛出版社原总编辑高继民所言，须具备敏锐的判断力、犀利的批判力和纵横捭阖的整合力。

由选题策划再向深处追溯，就发现能动性的编辑加工、创新性的案头功夫是这些编辑家或优秀编辑的又一重要特质。郑殿华的体会是要把编辑加工上升到"内容的创新和文化价值再造的高度"。他领衔编辑加工的"中华现代学术名著丛书"，追求题目创新、编校创新、体例创新，已成为商务印书馆最为知名的社科学术丛书品牌之一，是国家社科学术出版的经典之作。

说到案头加工，杨宗元用"死抠"劲头做学术出版的精神，令人肃然起敬，掩卷也难以平静。她负责的《康德著作全集》9卷本400多万字，前后做了十年，多少次加班到深夜，多少次因为书稿艰深想放弃，但每遇困难她都一再告诉自己，抓紧、抓紧、坚持、坚持，有时为了核对几个重要引文，她钻入图书馆，一待就是一整天。编辑《中国的儒学统治》一书时，她与同事奋战一个多月，认认真真地编辑、校对。该书的作者——当时已95岁高龄的刘绪贻老先生认为这是对他的不信任，可是在认真阅读了包括十几处问题的疑问表后，发现杨宗元纠正了他多年未察觉的错误，对杨宗元"深为感佩"。

关于编辑家或优秀编辑的标志先讨论这三条，其他还有作者资源、公关能力等方面的情况。

（二）

编辑家或优秀编辑的这些标志或特质是如何形成的？主观方面的原因我认为至少也有三条。

其一，他们忠于党的编辑出版事业。一入行就义无反顾地投身于此，毫无保留地热爱自己所从事的编辑出版事业，把献身祖国的编辑出版事业，作为实现自我价值的最佳选择。聂震宁讲的为情而造文，就包含着这个意蕴。韩敬群说，编辑这个职业最大的吸引力之一就是它是一个要终身学习的职业，什么时候你放弃了学习，你也就远离了出版的中心。陈鹏鸣，说要以敬畏的心处理好每一部书稿。蔡敏给自己的座右铭是"勤奋、严谨、求实、创新"。正是这样的编辑观，支撑着他们的职业使命感，成为他们编辑成长道路上不竭的动力源泉。

其二，这种不忘初心、牢记使命的编辑观，突出表现在他们对所从事业务领域的专业性和专注性方面。高继民说，编辑敏锐的判断力，是在职业生涯中长期浸淫形成的，是保持兴趣和探究的结果，是长期读书、社交和思考的产物。黄一九的体会是："编辑一定要有属于自己的编辑思路，形成体系，而不能够东一榔头西一棒子""只要思路清晰，遍地都是好选题"。郑海燕入行20多年，始终孜孜不倦地在耕耘，她从自己最拿手的专业书入手，逐步掌握编辑的基本技能，不断地积累编辑经验。

其三，专业性、专注性其实是和编辑家或优秀编辑的高深学养与深厚底蕴连接在一起的。这里至少有两点是应该强调的。一是编辑家应该既是一位优秀的编辑大家，同时又是某一专业领域的学科专家。比如，从事经济类图书出版的编辑，就应逐步具有经济学家的品格与知识；从事哲学类图书出版的编辑，就应逐步具备哲学家的品格与知识。否则，编辑的专业性、专注性怎么体现？编辑如何同相关领域的学者与专家对话？二是作为编辑家不仅能够编辑出好的书稿，而且能够自己挥笔写出好文章、大作品。这几乎成为一条定理，编辑要想成为编辑大家，必须逐步地成为写作大家，成为作家和作者。唐浩明是扎根岳麓书社的享誉全国的首席编辑，他坐了11年的冷板凳，编校、整理、出版了1500万字、30卷的《曾国藩全集》，还构思写作了享誉国内外的长篇历史传记小说《曾国藩》，他是首席编辑加作协主席，把编辑做到了极致。独特艰深的编辑业务，为他的创作提供了超乎寻常的资料和情怀，而他的创作情怀与资料又为他艰深的文集编辑业务提供了某种动力和定力。

这两本书中的编辑家或优秀编辑未必都能达到唐浩明这样的高度，但是他们的作风和追求是相同的。循着这样的精神，可以笃信他们未来的事业能达到相当的高度或深度。

（三）

讲到了编辑家或优秀编辑成长的主观原因，还应探究与此相互作用的客观原因。这里所谈的，未必能做到彻底的全面性，但是至少可以减少片面性。客观原因呢？从本书稿内容看，我认为或许可以初步概括为三个方面：企业层面、行业层面、国家层面。

在企业层面,这些编辑家或优秀编辑之所以能够有所作为,与他们所供职的出版单位有着密不可分的关系。马克思、恩格斯说过"人创造环境,同样,环境也创造人"。成为编辑家或优秀编辑,固然在很大程度上取决于自身的不懈努力,取决于自身主观能动性的充分发挥;但是如果不承认环境的作用,看不到所处环境对主体成长的保障、推动、提升作用,就会陷入形而上学的泥淖,也会影响这些编辑家或优秀编辑的进一步发展和进步。出版单位一般从两个方面为编辑家或优秀编辑的成长创造条件。一方面,为他们提出发展目标、发展任务;另一方面,又为他们提供实现目标、完成任务的条件。以商务印书馆为例,一方面,入职到商务印书馆这个中国人文哲学社会科学学术出版高地的新编辑,必须成长为一定意义上的编辑家或优秀编辑,才堪当重任;另一方面,商务印书馆又为新编辑成长提供了相应的历练机会。例如,"汉译世界学术名著丛书"的编辑出版要经过四个方面的考核,即选题考核、翻译质量考核、先出单行本考核、专家论证制度考核。对新生代编辑能否从事这套书的编辑出版工作,也实行了严格的准入制度。经过了这种制度和规范环节的考量,新编辑不成长为优秀学术编辑都不行。

在行业层面,往往也是至少从两个方面为新编辑的成长和培养打造环境。一方面,管理部门关于凸显主题出版战略的安排部署,关于精品战略的长期实施,关于发展三大出版领域战略的稳步推进,为编辑家或优秀编辑的成长树立了标杆,提出了要求,施加了压力;另一方面,又通过出版基金制度、古籍出版资助制度、国家出版三大奖等奖励机制及编校质量检查结果曝光等约束机制,为行业发展提供了引领性动力。

在国家层面,一个又一个五年发展规划,为建设文化强国与出版强国提出了重大战略发展目标,而"五位一体"的文化建设与出版传媒业建设的总体设计,又为实现这个战略发展目标提供了"船"或"桥",即到达彼岸的载体与路径。就"十四五"规划来讲,既明确了出版在整个社会发展和人类进步中提供知识、提供信息、传播知识、传承文明的初心与使命;又强调把创新置于中国经济发展的核心地位,出版的本质功能是服务创新、参与创新、保障创新;还指出了我国实际上已经具备了出版业高质量发展的良好条件与发展空间。所有这些构成了中国出版业高质量发展、中国编辑出版业高素质人才队伍建设的根本性条件。

期待我国编辑家和优秀编辑的队伍更快、更好地成长起来,期待中国出版业为国民总体素质的提升和国家经济社会的整体建设更好地发挥基础性、根本性、引领性作用。

是为序。

(中国编辑学会会长)

目录

一 / 做精品书,归根结底是境界   1

                  聂震宁(韬奋基金会)

二 / 教育出版就是铸魂育人   8

                  黄强(人民教育出版社)

三 / 编辑如何提高政治素养   17

                  黄书元(人民出版社)

四 / 与青年编辑话学术出版   28

                  贺耀敏(中国人民大学出版社)

五 / 商务人要做世代相传的出版项目   41

                  于殿利等(商务印书馆)

六 / 成熟的优秀童书编辑该是什么模样   48

                  海飞(中国少年儿童新闻出版总社)

七 / 我看编辑这个行当   61

                  翟德芳(生活·读书·新知三联书店)

八 / 编辑四大名著既要专业性也要定力   67

                  周绚隆(中华书局)

九 / 以精品力作增强文化自信　74

　　陈鹏鸣（人民出版社）

十 / 求真、求新的出版精神薪火相传　83

　　周国庆（化学工业出版社）

十一 / 如何成为优秀的文艺图书编辑　91

　　周百义（长江出版传媒集团）

十二 / 谈谈"作者型编辑"　102

　　耿相新（中原出版传媒集团）

十三 / 寄语引进版图书编辑　112

　　李景端（译林出版社）

十四 / 新时代好编辑应有三种能力　122

　　高继民（青岛出版社）

十五 / 以工匠精神坚守和传承经典　129

　　汪忠等（浙江少年儿童出版社）

十六 / "幸运"千载难逢，"压力"无与伦比　136

　　洪星范（少年儿童出版社）

后记　145

做精品书,归根结底是境界

韬奋基金会理事长　聂震宁

态度决定一切

做精品书,先要在态度上有境界。"态度决定一切",这是迄今为止带领中国国家男子足球队唯一一次杀进世界杯决赛圈的原主教练米卢的名言。在态度问题上,做书如踢球,要成功,一定要有好的态度。要做精品书,编辑、出版人一定要有强烈的欲望。我不想用"愿望"这个词来描述一个要做精品书的编辑、出版人的心理态度,对于这样的编辑、出版人,"愿望"一词尚嫌绵软,"欲望"一词庶几能表达我们内心的紧张和冲动。

2016年,写出长篇小说《白鹿原》的作家陈忠实去世,文学界、出版界哀悼、追忆之声甚隆,这与作家为人为文的品格相关,也与作家为创作精品7年多埋头苦干、呕心沥血的强烈欲望相关,还与人民文学出版社(以下简称"人文社")以何启治为代表的几位编辑多年来与陈忠实不离不弃、相守相伴、精心编辑的强烈欲望分不开。人文社编辑高贤均、洪清波接到陈忠实含着眼泪交到他们手上的书稿,不顾人在旅途、舟车劳顿,迫不及待地日夜审读,以敏锐的眼光和判断力确认这是一部精品书稿,以充沛的激情迅速把热烈褒扬的意见告知焦虑期盼中的作者,如此等等,无不表现出强烈的欲望。要做精品书,那么,请问,我们有强烈的欲望吗?作者有含着眼泪交上书稿的激情吗?编

陈忠实(左)与何启治(右)

辑、出版人有急切审读、热切肯定好书稿的冲动吗？古人认为要出好文章，需"为情而造文"而不能"为文而造情"，同理，做精品书首先要有"为情"去做的强烈欲望。

毋庸置疑，在我们的作者群和编辑出版队伍里，具有做精品书强烈欲望的编辑、出版人大有人在，可是，我们却不敢说因此就大有精品书在。具有强烈欲望是一回事，能不能就此做好精品书又是另一回事。

学养准备好了吗？

做精品书，职业修养的境界更是不可或缺的。

编辑、出版人只有具备做精品书的良好职业修养，对具有写出精品书稿能力的作者才会锲而不舍；偶遇具有精品书潜质的选题、书稿时才会立刻有敏锐反应；对书稿才会怀有亲切感，而不让优质书稿从眼前滑过、自手中失落。20世纪50年代，人文社一位青年编辑龙世辉从写在一大堆杂七杂八稿纸上的故事中看到了一部独特的长篇小说坯子，于是他把小说作者曲波找来商量，帮助他重新设计故事框架、情节细节、人物性格特点，作者和编辑二人配合打磨多年，这才有了脍炙人口的长篇小说《林海雪原》。而在此之前，人文社建社之初，第一任社长冯雪峰就曾经精心指导陕西作家杜鹏程修改并出版了红色经典小说《保卫延安》。20世纪80年代初,有部小说最初被认为是一位文学新人的长篇小说来稿,被一位编辑一口否定,资深编辑龙世辉拿过来重读,大叫一声"好小说咧",这就是首届茅盾文学奖获奖作品《芙蓉镇》。

路遥的长篇小说《平凡的世界》的出版经历则是另一种情形。据《中国艺术报》报道,1986年,路遥完成了《平凡的世界》第一部的写作,把书稿郑重地交给人文社《当代》编辑部的一位青年编辑,这就是说,一部后来被文坛和读者认定是精品的书稿主动投奔到编辑面前,然而,不曾想,这位青年编辑对路遥的写法毫无兴趣。他后来回忆当时的审稿感受:"读着读着,兴致没了。没错,就是《平凡的世界》,第一部,30多万字。还没来得及感动,就读不下去了。不奇怪,我感觉就是慢,就是啰唆,那故事一点悬念也没有,一点意外也没有,全都在自己的意料之中,实在很难往下看。"就此,《平凡的世界》成了当时《当代》杂志的退稿。也许,文学鉴赏见仁见智,因口味不同而退稿是常事;可是,对于编辑而言,如何避免因个人好恶而错过独具风格的书稿,这永远是一个值得我们吸取教训的案例。可以想见,退稿对于写作艰难、生活困顿的路遥来说不亚于一记当头棒喝,据说,他从编辑手上接过退稿时,双手都是颤抖的。正当他陷入困境的时候,中国文联出版社的一位青年编辑李金玉改变了这部书的命运。她相信写出过震撼人心的中篇小说《人生》的路遥,在了解了这部书稿的内容后,便设法促使路遥把《平凡的世界》交给她带回中国文联出版社。书稿很快就通过三审并安排出版,一部精品书就在这样的经历中问世,后来获得了茅盾文学奖,一版再版,畅销至今,真可谓无心插柳柳成荫。

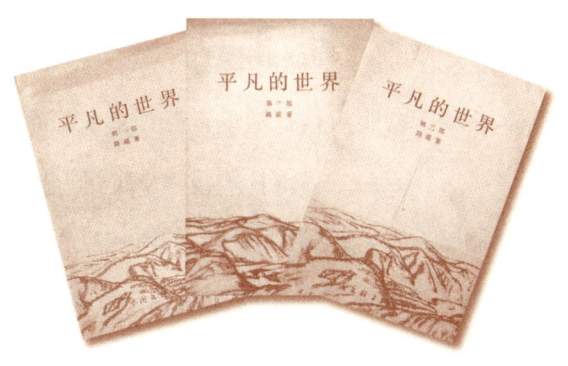

《平凡的世界》(中国文联出版社1986年首版)

纵观精品图书出版史,曾经发生过不少类似《平凡的世界》遭遇的故事。人文社出版的、后来获得茅盾文学奖的《尘埃落定》也曾遭到过多家出版社的退稿。国际超级畅销书"哈利·波特"系列更是经历过9家出版社的退稿。为此,我们要对怀着强烈欲望急于出版精品书的同人们问一声:"欲望强烈自然很好,可是,大家的学养准备好了吗?当一部甚至几部精品书稿来到面前,我们的眼光准备好了吗？我们的判断力准备好了吗？我们对书稿应有的郑重态度乃至亲切感准备好了吗？"

生产保障机制在哪里？

现代出版业中，有大量产品是在出版机构的运作下诞生的。我们说做精品书，归根结底在境界，但也不只在于一个或几个编辑的态度和学养，很多时候还在于这个机构的领导者、经营者和整个团队的境界。

当一名编辑含着眼泪被迫把千辛万苦求来的原创书稿退回给作者的时候，当一名责任编辑为了一部心爱的图书哀求抓紧印制、抓紧营销而无人理会的时候，当一些编辑不再为挖掘精品书稿殚精竭虑转而去做一些低水平出版、重复出版以至自费出版平庸书的时候，我们要问，整个出版机构做精品书的境界在哪里呢？是的，几乎所有出版集团、出版社的董事长、总经理、社长、总编辑都说要做精品书，甚至信誓旦旦要实施精品战略，可是，出版机构做精品书的机制准备好了吗？做精品书，首先，要有激励机制。重赏之下，必有勇夫。精品书一时不赚大钱，社里便无重赏，请问哪里来的勇夫？其次，要有评价机制。出版界曾经盛行过"一把尺子量到底"的说法，也就是以当年的经济效益评价出版物的价值，以为这是善于经营管理的表现。不少时候，精品书极有可能就在这样的衡量标准下窘态毕现，甚至造成"小惭小好，大惭大好"的可笑局面。请问，在这样的企业文化氛围里，谁还有做精品书的强烈欲望？作家宗璞精心写就的《南渡记》一开始卖得并不好，后来接到其续集《东藏记》书稿，人文社认定这就是一部精品，坚决投入，努力推广，作品最终获得茅盾文学奖，成为出版社的长销图书。倘若出版社只有一把经济效益的尺子，这部文气浓郁的作品很可能无声无息，甚至可能无疾而终。所以，当董事长、总经理、社长、总编辑大声疾呼精品战略而又没有强有力的精品生产机制作保障的时候，当整个出版机构对于精品书生产持一种无可无不可态度的时候，编辑们不禁要问，可敬的领导啊，这一番慷慨激昂的口号，是真的还是假的？

　　这就是我们在讨论精品书生产时，首先要寻根究底追问编辑、出版人的境界的理由。我们不妨反思：要做精品书，自己的欲望能达到"昨夜西风凋碧树。独上高楼，望尽天涯路"的追求境界吗？虽有学养，但能达到"衣带渐宽终不悔，为伊消得人憔悴"的投入境界吗？虽有呼唤，但能达到"众里寻他千百度，蓦然回首，那人却在，灯火阑珊处"的发现境界吗？大学者王国维对做学问境界的描述已经为大家烂熟于心，做精品书不也同样需要这番境界吗？

教育出版就是铸魂育人

人民教育出版社党委书记、社长　黄强

在人民教育出版社建社70周年前夕,中共中央总书记、国家主席、中央军委主席习近平给人民教育出版社(以下简称"人教社")老同志回信,充分肯定了人教社70年来在基础教育教材和教育图书编研出版上的辛勤耕耘、接续奋斗,以及它为我国教育事业发展所作的积极贡献。

70年来,人教社先后编研出版了11套全国通用中小学教材,累计出版各类出版物7万余种,发行量逾750亿册。

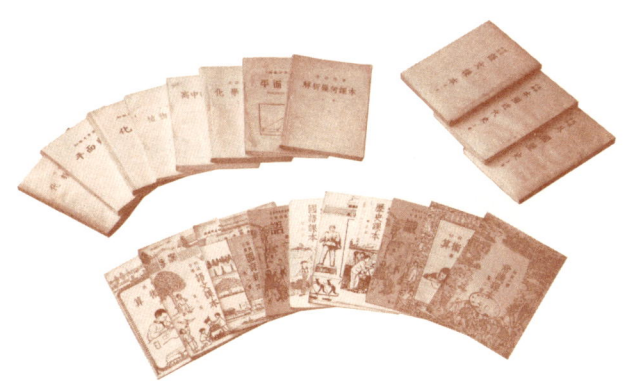

1951年，新中国第一套全国通用中小学教材出版发行

作为国家基础教育教材、教育图书编写出版的国家队、主力军，人教社一直秉承"编研一体，学术立社"的办社理念。在此，我想与青年编辑们谈谈如何做好一名编辑，尤其是教育图书编辑。

编辑是一个有价值的独立职业

编辑是一种很高尚的职业。中国的第一个编辑是孔子，《诗经》据说是经他删定而成，现在我们公认孔子既是思想家、教育家，也是一个编辑家。

但是古代的编辑不是一个独立的职业，它是附着在著述活动后期的一项工作。编辑真正成为一个独立的职业还是近代以来的事，它的产生跟印刷术的广泛应用有关，随着印刷业的发展，书报可以大量复制，这时才有了编辑。

中国近代出版业从商务印书馆、中华书局开始才有真正意义上的编辑，那个时期也产生了一批编辑大家，包括商务的里程碑式人物张元济、王云五等，也包括曾经在商务做过编辑、后来成为人教社首任社长的叶圣陶。此外，鲁迅、郑振铎、巴金也都为编辑事业作出过突出贡献，是真正的编辑大家。

社会对编辑的要求向来是很高的，但是近年来对编辑地位的认识有一个变化——很多人觉得编辑就是一个校对，只用找找别人稿子里的错别字而已。这可能跟出版业务的激增有关系，也可能跟这些年我们行业建设在有些方面做得不够好有关系。加上有些编辑跟作者交流的能力有限，主体性有限，策划能力发挥得不够，在跟作者打交道改稿子的过程中，有些编辑的业务缺陷暴露出来，等等。

出版行业确确实实是一个小行业，也有不为社会所知的一面，过去好的编辑是默默无闻，蜡炬成灰泪始干。常有人说编辑是为他人作嫁衣裳，这当然是种表扬，但做嫁衣的总是不如穿嫁衣的光鲜。我不认同这种说法，在现在的社会分工里，作者很重要，编辑作为一个独立的职业也很重要，只是还没有被更多的人所认知，或者说传播不够、宣传不够，所以人们把它低看了、简单化了。

我当年工作的出版社旁边是报社，那时候坐小公共汽车,说坐到出版社,司机表示不知道,改说到报社,司机说这个知道。人教社名气大,我们以为大家都知道,结果出租车司机也不是都知道。出版行业在社会上的认知度没那么高,但不代表它应有的地位或价值就不高。我们从事出版业的人不能妄自菲薄,要把行业的内涵、职业价值给总结出来,并通过自己的职业行为,把职业的尊严表现出来,让周围的人认可。

编辑的职业尊严同医生、教师一样,在于对社会有价值。当年叶圣陶动员著名语言学家吕叔湘到人教社来当编辑,吕叔湘犹豫,叶圣陶就给他写了一封信,信里写道:"任教于清华,受其益者不过学生数十辈,来我社编书,受其益者为无量数之中小学教师及学生。故谓任教于清华为很

叶圣陶(中)与吕叔湘(左)、人教社副总编辑张志公(右)在人教社中学语文教材编辑座谈会上讨论语文教材改革问题

大之浪费，亦非过甚其词也。"意思是说，你去教书、做学问，影响的只是你看见的几十个、几百个学生，你到人教社来编书，影响到全国无数的老师和学生，从这个角度来说，你到人教社来更有价值，你应该来做一个编辑。

好的编辑能通过策划好的选题，组织作者写好书，来为社会作贡献，为传播知识、弘扬思想作贡献，作者只是这个链条上的一个环节。因此，编辑这个职业是有价值的，是独立的，是为自己作嫁衣裳。

终生与书相伴，人就不俗。所谓不俗，就是说你在跟知识打交道，你一直保持在理性的水准上，这对人的一生也是有价值的。

编辑业务离不开个人的学习与生活

新入行的编辑该如何规划自己的职业生涯？首先，在理念上要认定编辑这个职业是有价值的，要通过学习，通过前辈或者老师的教导，树立这样一种信念。

其次，要将编辑业务同个人的学习结合起来。一个优秀编辑对优质作者资源的掌握，是从认识某一个大家开始的。而要把一位专家变成自己的作者，就得研究他的学术渊源，找到个人所长、出版社出书方向与这位专家的交集，把这些研究透了，再去跟他交流，才可以和他在同一个层面上对话、讨论问题，才可以把他最精微的那些东西调动出来。也许这位作者身上有许多闪光点，在过去的著作中都还没被发掘出来，可能你就把它发掘出来了。

再次，要留心自己的平常生活。也许在你的同学、朋友、同辈人中就有高手，你能不能以火眼金睛识透他的价值所在？你觉得他有独特的学问、独特的知识或独特的表达，你能不能抓住？在旅途中，也可以随时有收获，旅途中的一个陌生人可能会变为你的作者，脑子里灵光一现的闪念也可能变成一个很好的选题。把编辑工作与生活结合起来，念兹在兹，才容易有新的发现，自己也不会觉得很枯燥。

最后，我们提倡"一本书主义"，也就是从具体的一本书做起，不要好高骛远。你能不能从编好三五十页的小册子做起？这也需要调动你的生活体验，你要用读者的眼光去看，什么样的书让人喜欢，一幅图、一个角度、一个书名，甚至一个色调，你选择什么样的版式，用什么样的纸，用这里头都大有学问可做。做好了第一本，就能做好第二本，一本一本积累下来就有成绩了。一个编辑不见得能把每本书都做好，但是你有若干的好书或者好书相对多一点，那么这一生就充实一点。国家评优秀编辑，我们评职称，提倡编辑要有代表作，编辑代表作就是你在这本书里倾注了编辑劳动,进行了深度加工,挖掘出了它的价值。你把一本可能会死的书救活了,在社会上销量很好,给社会作了贡献了,就很有价值。

我们识人、识书、识作者要有火眼金睛,而要有这个眼力,不读书不行,不关心学术文化界的情况不行,坐在那儿一天光改错别字不行。你得有见识,要读书,要懂学术文化界的走向,要懂读者的状况。现在的年轻人都是网民,他们喜欢读什么样的语言,他们喜欢看什么书,他们的耐心能读50页还是100页,这都是要研究的。

处在成长阶段的青年编辑,自己也是年轻人,将心比心,你自己都不愿意看的书,别人为什么会看呢?有些编辑当了爸爸妈妈,自己孩子要读童书,他一定知道什么样的童书好,假如这时候让他做一个童书编辑,可能就能干好。好多人要辅导孩子读书,就知道哪个教辅好、哪个教辅不好,什么样的好、什么样的不好,再去做教辅编辑就会更有感觉。

像这样,把编辑工作跟自己的读书学习、日常生活关联起来,工作也就饶有趣味,甚至成为生活的一部分。

教育出版工作者使命尤重

出版界基本上把出版分为三个类型:大众出版、专业出版、教育出版。

教育出版是一切出版的基础，因为教育出版一定程度上能促进出版的发展和繁荣。教育出版是让我们人类的理性、知识和文明得以延续的重要手段，肩负的使命更重。正如习近平总书记所讲，"培根铸魂，启智增慧"，要"扣好人生第一粒扣子"，第一粒扣子没对上，扣眼就全歪了。

叶圣陶老先生说所有的教材都是政治教材，因为所有的教材都要体现观点、价值观，要教给学生观点、立场；同时，所有的教材都是语文教材，因为所有的教材都是用语言文字来表达的，都要讲求规范性。

从事教育出版的人，肩负的责任尤其重大，不能教孩子不好的东西。顾炎武说，文须有益于天下，有益于将来。

首先，教育出版的编辑要有职业理想，有正确的导向，有正确的价值观，才能做好这件事。现在教育出版也有一些乱象，过于强调应试，有的图书质量不高。编辑要秉持良心，要有良知、有理想、有价值观。哪怕编一本教辅，也要对老师负责、对学生负责、对社会负责，要保证它的质量，对老师的教学、学生的学习有用。

其次，教育出版的编辑要对专业进行深入研究。因为要传播正确的知识，你在宽广的知识面之外，还要有精深的专业知识。例如，对语文教材中每个字词的合理解释，

《人教名人录》与《人教人论教材（上、下卷）》
（人民教育出版社）

对政治教材中每个原理的准确诠释，都需要一定的学力去支撑它，所以要做好学问。人教社秉承"编研一体，学术立社"的根本原因就在这里。你有一桶水，才能给别人倒一杯水，你的知识结构、学术能力达不到一定水准，干不好这个事情。

最后，教育出版的编辑要研究课程、教材，研究师生的需求，采取他们乐于接受的形式。为老师和学生做教育类图书，自然要调查、研究教情和学情。人教社会经常组织编辑进学校听课、实习，在全国各地设立实验基地、开展课程试点，始终与一线教师、学生保持密切交流，都是为了更好地了解读者的需求。

教育出版是铸魂育人的事业，编辑须眼中有星辰，脚下踩泥土，不辜负每一位读者。

编辑如何提高政治素养

人民出版社原党委书记、社长　黄书元

青年编辑的政治素养包括对国家大政方针、政治局势、经济形势的认知,对党的路线、方针、政策的认识,以及历史使命感与社会责任感的建立。在此基础上形成我们作为一个编辑看待世界、人物、事件的态度,进而将其落实到图书的选题策划和对书稿的审读把关与编辑加工中。所以说政治素养是最重要的,是综合素养里的核心。

一个编辑如果分不清政治是非,就有可能出大问题。

作为编辑，政治素养既是一种态度，也是一种能力。并不是喊空洞的口号、搞苍白的表态、做无用的虚功就是政治素养高，而是要扎扎实实地把政治意识落实在选题和书稿里。没有脱离事业的政治，也没有脱离政治的事业。一本书如果在文字上出了一些问题，尚可补救，而一旦在政治上出了问题，对党和国家的危害是巨大的，对一个出版社来说，有可能会带来灭顶之灾。因此我们说编辑无小事，事事连政治。时刻绷紧政治之弦，把讲政治摆在首位，就不会背离宗旨、走偏走邪，人生就不会迷失方向。

正因为政治素养如此重要，所以我在此向青年编辑朋友们谈谈我对政治素养的一些粗浅体会，希望能给大家一点启发。

社会效益重于泰山

这些年，出版业转企改制，有些同志就片面地理解为以经济效益为中心，以为重视经济就可以忽视政治，以致在政治上出现偏移、模糊、糊涂甚至动摇，这是要特别警惕的。

出版业对于社会和国家而言，是经济细胞，更是政治细胞，也是社会经济文化发展、国家政治发展的一个支撑点，就作用而言，其社会效益远远大于经济效益。社会效益,就是图书出版发行后产生的价值和影响。如果我们出的书产生了不良影响或价值不大,我们为什么劳力费神去出它?如果仅仅考虑经济效益,我们出版行业再赚钱也比不上"三桶油"或房地产行业,而国家以优惠政策鼓励、支持出版业转企上市,把出版事业做得更强更大,就是希望我们以高水平推进出版事业高质量发展。因为出版本身所承载的内容太重要了,出版是影响力经济,它带来的不是图书销售产生的经济影响力,而是图书内容通过被读者阅读而创造出的社会影响力,所以国家、行业、单位都更注重考核出版社的社会效益,而不是经济效益。

从出版管理者的角度来看,国家出台的相关政策、法规都是为了我们出好书。社会效益考核就是对我们出的好书给予奖励、坏书给予惩罚,是希望我们把书做得更好、产生的社会效益更佳,这不是很正常吗?

出版社在讨论选题时,就应把社会效益放在首位,不能等人家来考核时才想到这个问题。我们出版工作者也只有养成"计利当计天下利"的胸襟,才不会抱怨,不会感觉到吃亏。

不过,不必一说考核社会效益就都去抓主题出版。早年在计划经济环境下,我国所有的出版社一成立就被定性为专业出版社。虽然管理部门如今不再特别强调要按专业方向出书，全国很多出版社也已打破了专业分工，但由于我们历来就按专业分工，专业设置、人才积累、作者队伍和图书发行方向等往往都与专业有关，也都形成了各自的强项。从近几年有关管理部门发布的主题出版书目看，教育、科技、古籍、农业等专业出版社都有书目上榜，可见专业出版社也能做好主题出版，也可以出主题出版类精品图书，产生很好的社会效益。

政治素养是金字塔尖

做出版需要综合素养，理想的要求是编辑能成为杂家。对青年编辑而言，最好尽可能地扩大知识面，打下深厚的知识基础，构建一个自己的知识架构、知识体系。在这个知识体系里，还要有一门自己拔尖的专业，再加上这个专业的一些外围知识，从而搭建起一个金字塔。综合素养决定编辑的能力上限，这就像金字塔由底部决定它所能达到的高度；而在综合素养里，政治素养则是最重要的，是核心，是塔尖，代表编辑的思想高度。编辑只有懂政治才堪当重任，要做政治上的明白人。

谈到政治，一些理工科背景的青年编辑或许会望而却步，但其实它没有那么神秘，我们每个人都生活在政治环境里。亚里士多德说："人本质上是政治的动物""城邦之外,非神即兽"。政治的外延在广义上可以扩展到人类一切公共事务。对于出版而言,政治无处不在。比如说宗教,对任何一个信仰者而言,都是神圣的,不可以胡编乱造,更不可以亵渎,所以,一旦遇到书稿中涉及宗教情节,我们就要特别小心关注。这就是讲政治。

就编辑的具体工作而言,一般来说,不外乎策划选题、加工书稿这两大重心,政治素养都会在其中发挥作用。策划选题是艺术,而论证选题是技术。出版社的选题把关,主要是把好选题论证这一关。在当今,只要下足功夫,搞清一个选题有没有问题并不难。以前有可能因不了解作者情况而出问题,现在只要看作者的微博、微信朋友圈转发的是哪类文章和信息,或是上网查查他已经发表的文章,多少就能了解作者的情况,如果存在问题,多半有一些蛛丝马迹,比如一个作者总是对现实不满、怨天尤人,对他提供的书稿就要尤其小心、特别注意。因此,在选题论证时,责任编辑最好能提供作者这些相关情况,以确保对选题的充分讨论,避免出现问题。

政治素养还体现在对书稿内容的把关上。有些出了问题的书,看上去三审都有签名,但实际上每一审没有把好关,最关键的是责任编辑没有把好关。因为责任编辑应该逐字、逐句地认真审读,但有可能责任编辑没有认真看书稿。当然,更可怕的是认认真真地看了书稿,却没有看出书稿中的问题。我曾经向一位著名作者约过一部书稿,拿回来一看,有政治问题,而且删除不尽,只好万分抱歉地退回给了作者,作者表示理解,但一转身给了另一家出版社,结果那家出版社将其出版后就被停业整顿。我估计后面那家出版社的责任编辑是看作者名头太大,以为不会出问题,结果就出了大问题。

学习无止境,功夫在平时

陆游曾说:"气不素养,临事惶遽。"意思是说,人在平时就要养成好的习惯、好的素养,以免一遇到事情就不知所措、惶恐不安。对编辑而言,只有提高了政治素养,对一些政治观点和思潮了然于心,才可能在遇到问题时,云淡风轻,从容处理。

这首先要求我们活到老、学到老,尽可能地扩大自己的涉猎范围。做编辑这项工作是学无止境的,一般来说,编辑接到的书稿是专家学者研究的成果,要搞清楚里面有没有问题,首先要有自己的判断标准,在审读书稿时才能作出判断,否则就可能发现不了问题所在。书稿涉及面非常广,有很多问题,没有一定的知识积累是发现不了的。比如,我们有一部经济学方面的书稿,责任编辑认为很有学术含量，但是审读人员发现这部书稿的框架和观点都是套用自西方经济学理论，用西方的价值观来分析我们的经济，当然会觉得我们一无是处，得出了很多荒谬的结论。这就是个立场、观点问题，责任编辑看不出问题就是因为学术修养和政治素养还未达到那个水准。

编辑也要加强自己的理论素养，掌握辩证思维方法，用发展、联系、辩证的观点分析问题。善于用理论分析问题，用理论成果武装头脑，才能最终体现在行动上，落实在工作上。如果没有较高的理论素养，就很难有政治上的敏锐性和鉴别力，就难以通过事物的表面现象看到问题的本质，难以把握事物的内部联系和客观规律，就有可能迷失政治方向，在政治问题和是非原则问题面前缺乏辨别力，以至模糊、动摇。换句话说，只有理论上的清醒才能保证政治上的坚定，而理论的清醒离不开深入的学习，决不能"以其昏昏，使人昭昭"。当然，学习的对象不仅仅是政治类图书，还有中国传统文化中提高思想觉悟、道德修养方面的内容，鉴古知今，很多事古代早就发生过，我们的祖先早就有智慧地处理好了，留下了丰富的经验，或者记下了当时没处理好的教训，我们拿来借鉴就可以了。

不过，只是读书学习还远远不够。我们向来把读书视为积累知识、增长学问的有效途径，但读书的作用不仅在于占有知识，还在于提升精神境界，只有把知识转化为智慧，才能在实践中发挥作用，才能显示知识的力量。青年编辑从学校毕业后，只有经过实践的历练，才能使所学的知识逐步为己所用，练就一双政治慧眼，逐步提高解决实际问题的能力。这就叫实践出真知。"知者行之始，行者知之成。"古人强调要知行合一，实践会增长经验和智慧。

比如说，平时我们在政治学习时，就要留心我们党和国家对一些重大方针政策的重要提法以及它的演变过程，在审读书稿时就要依据最新出台的提法来改稿。比如有些作者的写作是在党的十八大召开之后进行的，但到了党的十九大召开之后才把书稿送到出版社，这时，书稿中的很多提法都已经改变了，那么我们就要去查新的文件是怎么提的，不然就有可能出问题。对一些新的政治名词我们要基本掌握，如"四个意识""四个自信""四个全面"，还有"四大考验""四种危险"等，这些政治名词很多，必须在大体上明白它的含义，至少要知道去哪里能查到这些名词。又比如"四个自信"现在提得很多，但在党的十八大报告里提出来的是"三个自信"，2016年7月1日，习近平总书记在庆祝中国共产党成立95周年大会上的讲话里首次明确提出要坚持"四个自信"。如果书稿里写到在十八大以前就说"四个自信"，你没改过来，那就是差错。对这种细微差别的把握，就有赖于我们日积月累的功夫。

平时多积累作为储备，审读稿件时则要勤动手、多核查。我们要求编辑对一些重要的政治类书稿，凡是涉及人物、时间、地点、事件、重要引言等都必须核对原文，找到原始出处。二手资料、网上资料一律不用，因为不一定靠得住，有可能出差错。

"慎易以避难，敬细以远大"

在编辑队伍里，有三类人容易出政治问题。一是思想意识有问题，政治立场有偏差的人。这种人很少，但也不排除编辑队伍里会存在。二是缺乏政治敏感、分不清是非的人。现在信息技术高度发达，国内国外各种思想、各种思潮、各种观点甚至各种奇谈怪论泥沙俱下，"乱花渐欲迷人眼"，这些往往在我们收到的书稿里都有所反映。特别是当看到一部有可能赚钱的书稿，这类人更有可能失去辨别是非的能力，一叶障目，为利所害。三是无知的人。无知者无畏，因为无知，所以在书稿中见到问题也不知道是问题，或者不知道应该怎么处理问题。

因此，编辑面对当下的复杂环境和五花八门的书稿，保持理论上的清醒、增强政治上的定力是非常关键的。对编辑来说，只有理论上清醒，才会在政治上清醒；只有理论上坚定，才会在政治上坚定。这就需要通过学习，不断提高理论素养和政治素养。

但也无须过分恐慌，可以在实践中多学习。一是跟在老编辑后面，拜他们为师，遇事一定要多问、多请教，学问学问，一边学一边问，才能增长学问。二是青年编辑之间、同事之间要多交流，深入探讨，相互促进，加深理解和记忆。三是还可以向作者请教、与作者共同探讨，因为他们可能是某方面的专家，经验丰富，可以轻松处理你眼中的疑难问题或棘手问题。

总而言之，编辑工作责任重于泰山。只要我们以强烈的事业心和高度的责任感、使命感，兢兢业业地做好各项工作，做到敬业守责、尽心尽力、坚持底线，就不会出大问题。我经常说，出版做老了，胆子做小了。因为我知道稍一疏忽就有可能出大问题，所以一直以如临深渊、如履薄冰的态度来做出版。古人说"天下大事必作于细""慎易以避难，敬细以远大"，是有道理的。无论做什么书都要一丝不苟、严谨细致、精益求精，于细微之处见精神，在细节之间显水平。印度诗人泰戈尔曾说过："花朵的事业是美丽的，果实的事业是尊贵的，但我愿做一片绿叶，绿叶的事业是默默地垂着绿荫的。"我们正是呵护精神产品的"绿叶"，作者要"开花结果"，离不开编辑出版人员这些"绿叶"的辛勤努力。这就是我们编辑出版工作者精益求精的工匠精神和无怨无悔的奉献精神。

希望每位编辑都能在学习实践中提高政治素养,逐步进入"从心所欲不逾矩"的自由王国。

与青年编辑话学术出版

中国人民大学出版社原社长、总编辑　贺耀敏

习近平总书记在庆祝中国共产党成立95周年大会上的讲话里明确提出、并在之后多次强调要坚持"四个自信",这一提法不仅是中国特色社会主义的重大理论创新,而且成为实现中华民族伟大复兴的中国梦的精神动力。其中,文化自信的重要性更是不言而喻。在大力倡导文化自信的引领下,我国哲学社会科学学术出版迎来发展日益繁荣的新局面。学术出版同样是发展和弘扬文化自信的重要领域

和基本支撑，它吸引和呼唤着许多出版社和出版人为之不懈奋斗。回顾这些年来我国学术出版所取得的突出成就和表现出来的独特作用，作为一个老编辑和老出版人，我为自己能够参与其中并作出自己的贡献而感到无比自豪。我特别期待新时代青年编辑们积极投身到我国学术出版行列中来，共同描绘和迎接我国学术研究和学术出版繁荣发展的明天。

学术出版有难处，但更多的是幸福

对于许多青年编辑来说，学术出版与其他出版领域相比是有门槛的，没有扎实的专业训练和较好的专业素养，往往会感到学术出版比较困难，不像大众出版等类别的选题那样有无限的想象空间。但我觉得这只是表象，学术出版有门槛，而一旦跨过这个门槛，就会感觉"如鱼得水、乐在其中"。一个出版人如果能够每天阅读到自己参与出版的优秀图书，始终徜徉在知识的海洋里，与古今中外的思想家和文化人物进行精神上的交流，那将是最快乐的事情。

记得2002年我担任中国人民大学出版社（以下简称"人大社"）社长伊始，就面临着一个艰难的选择，那就是要不要系统规划和大力发展学术出版。我们向学校领导和教学科研人员征求意见，还在出版社内部组织员工开展大讨论，结果大家都不约而同地认为，一定要把学术出版作为人大社今后的主要发展方向。所以从那时起，在制定出版社中长期发展规划时，我们系统调整和规划了学术出版的发展战略，将其品种所占比例提高到30%左右，并毫不动摇地坚持了许多年，使出版社的学术品牌树立了起来，更响亮了起来。

在我们坚持学术出版的过程中，有人讥讽我们很"傻"，不懂出版的"秘密"和"诀窍"；也有人善意地提醒我们，"学术出版是小众出版，赚钱的少，赔钱的多"。但我始终认为，在中国做出版，"小众不小，大众不大"，眼睛不能总盯着所谓"大众"。为什么说"大众不大"呢？就是说大众图书看似读者市场广大，其实也要细分市场，并不存在大众图书人人在读的情况。为什么说"小众不小"呢？我国学术出版看似读者不多、规模不大，但是属于这个小众的读者人数十分庞大，他们都是学术出版的忠实读者，还不要说高校在校生更是庞大的受众群体。实践也告诉我们，学术著作总体上可以做到"微赢利"，只要是付出心血精心策划出版的学术精品，销量都会超过3000册。而这些年来国家出版基金等资助项目对学术出版的扶持，也从一定意义上弥补了学术出版盈利能力的不足。

我认为，今后学术出版大有可为。《中华人民共和国国民经济和社会发展第十四个五年规划和2035年远景目标纲要》提出要"推进社会主义文化强国建设",这就需要建设与这个目标相匹配的、高质量发展的新闻出版事业。可以预见,大批高质量、高水平的学术图书必将应运而生。目前,国内学术出版领域存在的主要问题是领域内的中青年编辑队伍规模不够大,整体策划能力亟待提高。我总是说,没有一流的人才很难有一流的事业。一切优秀出版物都是作者与策划、编辑共同努力的产品,优秀策划、编辑是出版社的核心竞争力。一家出版社得以兴盛,一批精品力作顺利出版,原因有许多,但总是离不开若干优秀策划、编辑的努力奋斗和执着追求。

记得当我们争取到《饶宗颐二十世纪学术文集》中文简体字版的出版权时,学术界许多朋友都提醒我,说这套文集14卷20册,涉及的学科繁多,编辑难度很大。但我们

《饶宗颐二十世纪学术文集》简体字版新书发布会
(左一为贺耀敏,左三为饶宗颐)

出版社 10 余位编辑以高度的责任心，用两年时间编辑并出版了这套学术巨著。文集发布会在中国香港举行，饶宗颐先生在会上致辞："我的这部书经过人民大学出版社编辑和出版后，可以流传后世了。"听到饶宗颐先生这样说，我当时就热泪盈眶，这是对我们编辑出版工作的最高肯定！这套文集已经成为了解和研究饶宗颐学术思想的基本著作，我们真正享受到了学术出版带来的荣耀，体会到了学术追求过程中的幸福。

当今时代的学术出版是挑战，更是机遇

学术出版与其他类别的出版不同，根据过往的经验，学术著作组稿难，编辑加工难，成为畅销书难，这都使得学术出版更像"阳春白雪"。学术出版对编辑人才的专业素质和综合素养的要求也很高，不是什么人都可以做好学术出版的编辑工作。而从全行业来看，高端人才和骨干人才匮乏已经成为制约出版业繁荣发展的重要因素。许多出版单位都反映，现在正是新老交替的密集期，现在的青年编辑面临着生活、工作和自我提升等多方面的压力，各种压力交织在一起，他们对出版事业的崇高感和对出版社的归属感难免有所减弱。加之互联网和数字出版的冲击，优秀青年编辑人才队伍的建设难度更是与日俱增。如何使优秀

编辑尽快成长、脱颖而出,如何让青年编辑人才能够真正安下心来投身于出版事业,编辑出版更多更好的图书,是需要政府、出版企业从多个方面着手研究和解决的问题。

如今我国学术的繁荣发展和高速进步是前所未有的。一方面,学术研究不断深入,许多传统领域不断涌现出重要研究成果;另一方面,学科间交叉、融合的趋势愈发明显,不少新领域也出现了有价值的学术研究成果。这就要求我们的青年编辑要深耕学术出版,不仅要了解学术发展的趋势和动向,还要了解学术研究团队和个人的成果,把优秀的研究成果挖掘出来。这可以说是挑战,但更是机遇,所以我期待着青年编辑站到学术出版的潮头,做这个时代学术出版的弄潮儿。

在我的经历中,许多学术著作的出版都具有跨越时空的意义,参与这些著作的编辑出版不仅是一件幸运的事情,更是一个难得的学习机会。在学习习近平总书记关于中华优秀传统文化"创造性转化、创新性发展"的论述时,我第一时间想到的就是我们出版的《方立天文集》(10卷)和曾宪义教授主编的《中国传统法律文化研究》(10卷),前者是当代研究中国佛教的集大成式文集,后者是建立"中华法系"思想体系和学术体系的奠基性著作。过去谈到中外文明的发展,西方的宗教与哲学往往更多地为人们所津津乐道,但是中国历史上同样有成熟的宗教思想,这就是佛教思想。尽管佛教不是在中国诞生的,但却是在中国得到了最完备的发展。方立天教授一生都致力于揭示佛教思想体系的历史价值和思想价值,并且取得了显著的成就。同样,在法学界不少学者提出要确立"中华法系"的历史地位,使之与目前法学界普遍认可的大陆法系和英美法系相辉映。但若是没有对中华传统法律文化的深入研究,要建立"中华法系"谈何容易?曾宪义教授和他的学术团队承担起了这个历史任务,深入研究和整理了中国传统法律文化,撰写出了这部鸿篇巨制,使"中华法系"得以建立在牢固的学科研究和学术研究基础之上。今天看来,这两部著作的学科意义和学术价值比当时还要更为深远。

《方立天文集》(中国人民大学出版社)

《中国传统法律文化研究》(中国人民大学出版社)

争取学者的成果,须心怀激动与尊重

许多青年编辑谈到与学者打交道时感到压力很大,我很理解这种心情,我们年轻时都经历过。出版是与人打交道的行业,我们向前辈学者和知名学人约稿时,也有这样或那样的忐忑心情,但是有了对学术和学者发自内心的尊重,许多事情就好办了。我经常说,优秀的策划编辑一定是某一学科里最了解学术前沿和学术动向的人,编辑不是学术研究者,不需要对问题本身有多么深刻的见解,但你应该了解学术和学科动态。譬如你是理论经济学领域的图书编辑,那你起码要对国内排在前10名的经济学院和排在前50名的优秀学者有一个基本了解,能够说出这些学院的学术研究重点和学科发展特长,能够说出这些学者的重点研究领域和代表性成果。这就要求编辑一定要走出办公室,走近相关学院和学者,踊跃参加他们的各种学术活动,从中捕捉学术信息、激发出版思路、发现图书选题。与专家交流、与学者沟通、与大师对话,背后就是与思想对话、与时代对话、与生命对话。

我接触的一些优秀编辑都有这样的特点,就是他们对图书特别敏感,每次讲到某位学者有什么作品等就会滔滔不绝、很激动。我有一个信念,做出版的人只有自己激动了,才会打动作者、感动读者,好书就是在这种激动、打动、感动中产生的。

记得当年我们编辑《谢无量文集》(9卷)的时候，许多人对谢无量并不了解。但是在中国现代文化史上，谢无量是一位有着特殊地位的学者。谢无量的文稿从哪里来？他的家人没有收集，我们就一次次地跑图书馆，在浩瀚的数据中查找信息，进而找到他的各种著作进行编辑加工。当时距离他的著作进入公版期只剩几年时间，一些人建议我们"偷巧"，等到进入公版时再出版，我们没有这样做，坚持取得了他家人的授权。这样看似"愚笨"的做法，让我们赢得了许多作者的信任。《吴晗全集》(10卷)出版过程中，为了取得他家人的授权，我们多方联系，最终争取到了吴晗旅居海外的儿子的授权。编辑出版《汤一介集》(10卷)过程中，我们更是全心全意、一丝不苟，汤一介先生还抱病参加了出版座谈会。后来乐黛云先生对我们讲，汤先生觉得这是他晚年很欣慰的事情。我主持编辑出版的

汤一介出席（左）"新世纪中国哲学转型——
《汤一介集》新书发布会暨学术座谈会"（右）

《袁宝华文集》(10卷)更是受到各方面人士的高度好评，朱镕基出席了2015年5月举行的出版座谈会并作了感人至深的讲话。

因为策划与出版，我接触到了国内外许许多多的著名学者、政府官员和出版商，其间有许许多多难忘的故事和片段，这些不仅成为我出版工作中点点滴滴的美好记忆，更鞭策着我继续从事学术、继续关注学术，做一个真正有学术情怀的人。通过编辑出版学术大师的文集，我与许多学术大师都成了忘年交，这也是我的精神财富。

用长期坚持铸就精品力作

学做一个好编辑就像学做人，学术出版的最大诱惑就是它可以成为一生的事业。一个出版社往往会有许多系列图书，这些都是出版社的品牌。许多品牌都是几代出版人心血的结晶和奋斗的成果，需要格外珍惜、接续传承。例如，人大社的"马克思主义研究论库""经济科学文库""管理科学文库""中国经济问题研究丛书""法律科学文库""中国近代思想家文库"等系列学术图书，以及"诺贝尔经济学奖获得者丛书""当代资本主义研究丛书""当代世界学术名著"等系列翻译图书。我总是不断告诫青年编辑，学术出版要做精品，重在挖掘发现、重在专业视野、重在潜心探索、重在重新阐释,就是希望真正有人舍得在学术出版领域花精力、多投入。

许多精品力作之所以经得起时间的检验,也是由于它们是作者长期研究才取得的成果。我们出版的《亚里士多德全集》《康德著作全集》现在都已成为世界名著出版中的经典,前者由苗力田教授主持翻译,曾经引起巨大反响,后者由苗教授的学生李秋零教授主持翻译。李秋零教授翻译《康德著作全集》可谓"十年磨一剑",倾注了大量心血。学校科研部门和出版社编辑10年跟踪服务,创造各种翻译和出版的有利条件,终于使这部经典著作与广大读者见面。试想,没有长达10年的坚持,怎么能够做好这部著作的出版?

《康德著作全集》(典藏本)(左)及其出版座谈会(右)

此外,如高占祥和池田大作合著的《联结地球的文化力——高占祥与池田大作对话录》、厉以宁教授的《中国经济双重转型之路》和《欧洲经济史教程》、刘世锦研究员的

《传统与现代之间——增长模式转型与新型工业化道路的选择》、李晓西教授的《宏观经济学（中国版）》和《宏观经济学案例》、吴光教授主编的"阳明学研究丛书"等，都是由于编辑长期跟踪服务才落到人大社的。

要想把学术出版做好，还需要编辑有一种与时代同呼吸、共命运的情怀。近些年来，人大社相继出版了《新中国口述史》《改革开放口述史》《改革开放四十年口述史》等优秀图书，产生了广泛的学术影响，这都是编辑与有关部门反复联系、长期跟踪争取来的。又如，人大社策划出版"马克思主义研究论库"，就是希望它能够成为我国马克思主义研究学界和出版界合作的范例，为此，我们约请了一批著名学者组成编委会，遴选优秀图书组织出版，目前已经出版了第一辑、第二辑共计100种，该丛书在马克思主义研究领域具有很好的口碑。其中，顾海良教授总主编的《马克思主义中国化史》（4卷），也是策划编辑通过长

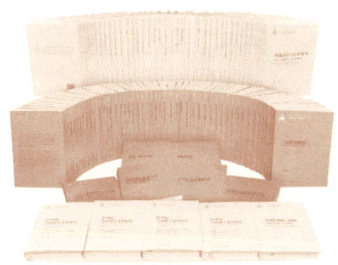 

"马克思主义研究论库"（左）及其专家研讨会（右）

期跟踪和争取才获得的优秀图书,这是一套系统权威的马克思主义中国化理论与思想进程的研究著作,出版后引起了学术界的热烈反响。顾海良教授总主编的《20世纪马克思主义发展史》(9卷)也在陆续出版中,该书必将成为马克思主义发展史领域的学术经典。

青年编辑适逢盛世,我相信你们一定不会辜负这个新时代,不会辜负光荣的文化使命,必将出版更多生命力持久的优秀学术图书。

商务人要做世代相传的出版项目

"汉译世界学术名著丛书"出版团队
商务印书馆原总经理　于殿利等

　　商务印书馆的镇社之书——"汉译世界学术名著丛书",是顺应中国社会开启现代化进程之需而产生的,并且在中国改革开放的进程中形成了出版规模。

　　这套丛书上承商务印书馆20世纪初年翻译世界各国学术名著的传统,于1981年开始立项出版,目前已出版19辑近850种,第二十辑正在规划。其萌芽、生长与壮大已经跨越了一个世纪。它所走过的历程不仅见证了商务印书馆的发展,也见证了中国出版事业的发展,更从精神层面上见证了中国现当代学术、文化和社会的发展。它的诞生也凝结着几代商务人的努力,大家用心血浇灌着"汉译世界学术名著丛书"(以下或简称"汉译名著"),让它茁壮成长,使其成为能够代表时代的精品。

顺应时代发展

1958年,遵照国家总体出版布局,商务印书馆的出版任务被确定为"以翻译外国的哲学、社会科学方面的学术著作为主,并出版中外文的语文辞书"。此后,翻译出版外国名著中的"西方非马克思主义"著作,就成为商务印书馆的一项基本出版任务。

当时的总编辑兼总经理陈翰伯领导商务印书馆员工积极落实这一出版任务,将16世纪到19世纪上半叶西方资产阶级上升时期的一些哲学、社会科学重要著作作为优先组译的书目。其中,又以马克思主义的三个来源(英法空想社会主义、英国古典政治经济学和德国古典哲学)的有关著作为重点。

陈翰伯等人联络学界,请专业学者翻译这些名著。这一时期的开创性工作不仅为后来"汉译名著"事业的发展提供了许多现成的译著,而且奠定了商务印书馆在许多方面的基础,包括开门办社的方针、按规划出书的程序,甚至具体译著的体例。

如果没有这一时期以单行本出版的300多种译著作为储备,20世纪80年代出版的"汉译世界学术名著丛书"就不可能以每年一辑四五十册这样大的规模推出。

1981年,商务印书馆推出"汉译世界学术名著丛书"第一辑50种,次年出齐第一辑。丛书沿用了商务印书馆20世纪20年代出版的"汉译世界名著丛书"的名称,表示继承与发扬,在此基础上添加了"学术"二字,用以突出学术性。

丛书的封面设计得朴素庄重。雪白的封面上除书名和作者名外,非常醒目的是一朵象征知识传播的烫金蒲公英,也可以将它看作一盏照亮思想的智慧之灯。

《理想国》(商务印书馆)

丛书的书脊和封底也按宽泛的学科分类分成了不同颜色，大致如下：哲学类图书为橘色，政法类（包括政治学、法学、社会学、教育学）图书为绿色，经济、管理类图书为蓝色，历史、地理类图书为黄色，语言、文艺理论类图书为赭石色。

铸就跨时代精品

"汉译世界学术名著丛书"是倾注几代编辑的心血造就的。一些"汉译名著"书稿的译文在相当大程度上是编辑们"改"出来、"磨"出来的，所费的心血隐没在每本书后。从某种意义上说，编辑们不计个人的名利，成就了一套书的声誉。

这套丛书的出版要经过四方面考核：按规划出书，选题上一定选取具有里程碑意义的学术经典著作；保证翻译质量，邀请专业学者承担翻译工作；中译本先出版单行本，再综合图书学术价值、翻译水准及学界评价确认是否入选；实行专家论证制度，所有入选的名著均须经过专家充分论证。

在译文质量上，我们也会作特别严谨的把控。翻译时首先要审核译者的试译稿，即使试译稿合格，也会用批注的方式跟译者讨论更准确的译法。在初审书稿时，都会遵照"汉译名著"的操作规范，对照原文核查存疑的译文，并就译文的各种问题与译者沟通确认。

由于"汉译名著"做了很多年,积累了很多品种,这些品种需要一代代编辑的接续维护。为了延续这套丛书的精品质量,我们在新生代编辑的选拔和培养上也实行专门的办法。

先是按照人文社科领域的不同学科组织人员的招聘与录用,从而吸收新鲜血液。等到这些编辑在本学科能独当一面地组稿、审稿,开发各种学科经典译著,再让他们进入"汉译名著"的出版工作中。

在相关工作经验成熟后,他们才会被安排从事一些已出版的"汉译名著"品种的维护工作,包括及时续签合同、修订或更正原有译本、负责重印事项等。这也是历代编辑参与这套丛书编撰工作的一部分。

"汉译世界学术名著丛书"分科本(120年纪念版)

反映新时代、新使命

商务印书馆编审、学术编辑中心主任李霞作为编辑团队的重要成员,她是2002年从北京大学人类学专业博士毕业,来到馆里的译作室工作的,从此她也和这套丛书结下了不解之缘。她对参与这套丛书的编辑工作,也有很深的感触:"能够在职业生涯伊始就与这套有着长久历史和传统的丛书结缘,对于编辑来说是幸运的。在做这套书的过程中,我体会到商务印书馆各环节严格、谨慎的传统和精益求精的作风,使我较快成为一名较为成熟的编辑。"

李霞曾经谈起,她在编辑过程中遇见过不少让她感动的人和事,如《阿赞德人的巫术、神谕和魔法》的译者覃俐俐。由于这本书部头很大(40多万字),翻译需要花费的时间很长,为了能按时完成翻译工作,覃俐俐以坚韧不拔的毅力每天完成自己规定的翻译量。李霞说她至今还记得覃俐俐因为约定的交稿时间快到了却仍有些译稿没有完成,急得自己关起门来大哭的情景。覃俐俐的认真和敬业也得到了回报,交来的译稿的确质量非常好,准确、细致,出版后也收获了读者的好评。

在编辑、译者等多方努力下,"汉译名著"正在加速发展。"汉译名著"未来的出版要反映新时代、新使命,要有新做法,主要包括四个方面:更多地体现世界文明与文化的多样性；更多地拓展新学科、新知识、新技术和新的思想领域；在重视古代经典的同时，注重挖掘现代新经典；在出版纸质精品的同时，积极运用媒体融合出版的新形式。

商务印书馆计划在未来两三年将"汉译名著"出至1000种，十年内出至2000种。我们希望"汉译名著"能不断被后来人阅读、研讨，世代相传。

我们要做的是能世代传承的出版项目。这是每一个商务人深深刻在心上的追求。

成熟的优秀童书编辑
该是什么模样

中国少年儿童新闻出版总社原社长、总编辑　海飞

据系统与非系统的统计与估算,在我国各个门类的出版板块中,童书出版已经成为出版社参与度最高、出版从业人员最多的出版板块之一。在系统统计的全国585家出版社中,有550多家出版童书;在难以准确统计的众多民营书商中,几乎家家都策划童书。而在册和不在册的童书出版队伍,是一支高达数万人(估算)的超级出版大军。这支大军平均年龄小、新编辑多。

出版社强不强，要凭出版的图书说话；出版的图书好不好，除了看作者能不能妙笔生花，还要看编辑"嫁衣裳"做得好不好。那么，就童书出版而言，成熟的优秀童书编辑该是什么模样？

我国童书出版依然有梦，依然"黄金"

新编辑是出版业的未来，新编辑是出版业的希望。作为一个视出版为天的老编辑、老出版人，非常愿意与新编辑聊聊共同关心的话题。俗话说，"入行看当，入职看业"。新编辑理所应当先要粗知一点本行业的"前世今生"。

改革开放以来，特别是进入21世纪以来，我国童书出版呈井喷式发展，进入了一个蓬勃发展的"黄金时代"，创造了连续20年平均两位数高速度增长的奇迹，成为中国出版强劲的"领涨力量"。在2018年，中国就已经是一个年出版4万多种童书、总印数8亿多册、在销品种30多万种、销售额达200多亿元人民币、拥有3.67亿未成年人读者群、与世界上100多个国家有着友好出版交往的童书出版大国，而且正大踏步地前进在迈向出版强国的道路上。

但是，童书出版也和其他出版板块一样，经受着新的严峻考验。一方面，受互联网强有力的冲击，纸媒体图书出版呈现一路下行的趋势；另一方面，童书出版也面临着从高速度发展向高质量发展战略转移的重大挑战。与世界童书出版强国相比,我国的儿童文学图书出版、图画书出版发展成果显著,而科普图书出版不尽如人意,以至于有人戏称,从童书出版上可以清楚地看出,我国是"文学少年多,科学少年少"。另外,与以色列、日本、德国等国家相比,我国的儿童人均图书拥有率还很低,特别是农村儿童的图书拥有率更低,发展空间非常大。

虽然我国的童书出版面临着前所未有的挑战,但与我们这个时代纷至沓来的发展机遇相比,与广大少年儿童日益增长的阅读需求相比,我国的童书出版依然有梦,依然"黄金",依然大有可为。我们的童书出版热烈欢迎有梦想的新编辑!

童书出版使命神圣,编辑须有爱心与童心

有些人觉得,童书内容简单,所以童书出版门槛低,只要认识几个字,就可以当童书编辑。这显然是他们不了解或不懂得童书出版是一个神圣的事业,童书编辑是一个光荣的职业。

童书出版绝不是低门槛出版,而是具有特殊门槛的重要出版。少年儿童是民族的未来,是国家的未来,是世界的未来。厚待少年儿童,爱护少年儿童,就是厚待、爱护

自己。童书，作为专门为少年儿童健康成长服务的图书门类，并不会因为读者对象的幼小而无足轻重，反而因其与未来紧密相连而在整个图书业中举足轻重。

童书出版的神圣使命，已然铭刻在我们一些童书出版社美好向上的社名和社训里。说起社名，我国有未来出版社、明天出版社、晨光出版社、新蕾出版社等。再说社训，1993年我出任中国少年儿童出版社（以下简称"中少社"）社长时，中少社"为了孩子，为了未来，为了祖国""三个为了"的社训，就使我这个新任社长倍感震撼和神圣！

童书出版是神圣的，童书编辑也是无上光荣的。我们圈内有句半开玩笑的话：古今中外，优秀的童书出版人都是"高手"！以我国三大国学启蒙读物为例，除《百家姓》作者不详外，《三字经》是南宋著名学者、教育家、政治家、礼部尚书兼给事中王应麟编写的，《千字文》是南北朝梁员外散骑侍郎、给事中周兴嗣编写的。近代著名的出版家、编辑家、作家叶圣陶也是新中国著名的教育家。在国外也是如此，美国举世闻名的纽伯瑞儿童文学奖，就是得名于英国著名的儿童文学作家、出版家纽伯瑞。而著名的美国凯迪克图画书大奖，是由美国童书出版巨子梅切尔倡议设立的。

做光荣的童书编辑，也有特殊的门槛。俗话说，一通百通。各个门类的图书编辑，许多案头工作都是相通的。但是，因为童书出版的读者对象是未成年人，童书编辑与其他编辑相比，自然要具备一些与众不同的品质。以我个人的理解和体会，一个成熟的优秀童书编辑，应该具有一颗纯洁的爱心和一颗纯净的童心。

宋庆龄先生曾说："有些事情是可以等待的，但是少年儿童的培养是不可以等待的""我们要把最宝贵的东西给予儿童"。冰心女士也说："有了爱就有了一切。"这是我从事童书出版工作最喜欢的几句话。少年儿童的健康成长，离不开阳光、空气、水和物质食粮，同样离不开各式各样的精神食粮。一个人来到世上，从自然人成长为社会人，有三个老师。第一个是父母亲，他们是天生的老师，进行的是亲子式言传身教。第二个是托儿所、幼儿园、学校、少先队、共青团等，这是全社会打造的教育力量，提供阶梯式的系统教育。第三个是青少年媒体，它铺天盖地、无孔不入、全方位覆盖，是可选择的自由式教育。少年儿童是一张白纸，染于苍则苍，染于黄则黄。童书出版，作为第三个老师，不仅要有父母之爱、师长之爱，更要有积极向上的媒体良知和人类大爱。童书出版界的老前辈叶至善在开明书店时曾经说过，做出版要"一不亏心，二不亏本"。这就是我们童书出版和童书编辑的底线。

叶至善在工作

除了纯洁的爱心,纯净的童心也很重要。童书出版的受众是儿童,童书一旦问世,就是属于儿童的。一个成熟的童书编辑,必然要与儿童心心相印,必然会在出版的全过程中像爱护自己的眼睛一样呵护儿童纯净的童心,必然会追求童书出版的真善美。我们欣喜地看到,全世界的童书编辑,都在孜孜不倦地创新充满爱心、充满童心的图书形态:怕白光纸太刺眼,用无光纸;怕铜版纸太重,用轻型纸;怕直角形书装扎手,用圆角形书装;见孩子们喜欢一边看书一边玩,专门设计了玩具书、立体书、有声书、咬不烂书、撕不破书;等等。这些都是童书编辑奉献给广大少年儿童的爱心和童心。

培养四大能力,成长没有捷径

编辑要想做好童书,除了须有爱心、童心,还要具备相应的能力。现在的童书出版，已经不是传统意义上的专业少儿出版，而是出版界整体参与的、竞争激烈的大出版。这种发展趋势，理所应当地对童书编辑提出了新的、更高的要求。随着时代的进步，我国现在的童书编辑队伍，是一支受教育程度高、知识面广、视野开阔、充满活力、富有理想、极具创新精神的现代化队伍。对这支童书编辑队伍，我寄予厚望。

我个人认为，一个成熟的优秀童书编辑，大体应该具备四个方面的基本能力。

一是具备优秀选题的策划能力。选题策划，是"出版眼"，是整条"出版链"的"龙头"。优秀选题策划，要求童书编辑有一双"慧眼"，能识大局，识趋势，识作者，识读者，识市场。编辑很多，拥有"火眼金睛"的策划编辑却很少。

二是具备扎实过硬的案头编辑能力。图书编辑者，处理文稿、收集资料、整理成书也。图书编辑，是新书的质检员、助产士、成衣匠、美容师。图书编辑，应该是常识的杂家、出书的专家。

三是具备懂儿童、懂市场的宣传推广能力。互联网时代，童书发展千变万化。现代出版要求童书编辑必须是以文稿编辑为主、全面发展的复合型人才，上得了书房，进得了课堂,下得了市场。能够熟练运用互联网现代传播手段,如云上聚会、线上直播、网上销售、手机听书等,与家长面对面,与儿童手拉手。

中国少年儿童新闻出版总社的编辑
在短视频平台直播分享、推介新书

四是具备放眼全球的国际交往能力。童书,是国际出版交往最便捷的图书板块。当今中国,是世界童书出版大家庭中最积极、最重要的参与者。我们是世界各国童书书展的常客,我国是全球引进童书版权最多的国家,每年有两个国际童书展敞开大门面向世界,我们中国童书出版人的代表担任了国际儿童读物联盟主席,我们的儿童文学作家获得过国际安徒生奖。我国的童书出版已经处于全球化的竞争格局之中,国内外的童书出版合作已经成了家常便饭。我们的童书编辑要积极主动地走在国际出版合作的前列。

一个成熟的优秀童书编辑是怎样炼成的？据我的感受，大概不会有一蹴而就的捷径。成熟的优秀童书编辑，都是忠于职守、勤奋努力，从出版链的每个节点、每个细节做起，一点一滴，认认真真，一丝不苟，日积月累，水滴石穿，自然炼成的。我工作过的中少社，创建于1956年，是我国唯一的国家级童书出版社，拥有严谨细致的工作作风。中少社有些传统做法，一直传承延续至今，值得学习、推广。例如，中少社有一条不成文的规矩，凡是到中少社工作的员工，无论是本科毕业，还是硕士、博士，都要先到校对科做3个月的校对。童书编辑从校对做起，理由很简单，成长中的儿童把书上的铅字都当作千真万确的真理，童书决不能容忍出错，否则就容易误人子弟。我是"半途出家"调到中少社当社长的，当社长也老老实实地从校对开始做起。这样做的结果就是全社潜移默化地养成了严谨细致的作风。

中少社还有一系列的编辑"进店""进院""进所""进园""进校"的规定。定期安排编辑到书店站柜台，到妇产医院、妇幼保健院、托儿所、幼儿园、中小学，与店员、产妇、幼儿、阿姨、老师等面对面交流，了解他们的需求，征求他们的意见，从而提高质量，同时宣传书刊。还会组织编辑参观书库，找找自己的"孩子"，让编辑看看、算算自己编辑的图书销量如何,真正做到"心中有数",养成有始有终、有根有据、不说假话、实事求是的良好习惯和严谨作风。

编辑在注重实践的同时,还要针对童书出版的特点,自觉提高自己的理论水平,努力学习儿童生理学、儿童心理学、儿童教育学、儿童美学等关于儿童成长的专门理论,为做好童书出版奠定坚实的理论基础。

童书主题出版也能有所作为

主题出版,是承载着"举旗帜、聚民心、育新人、兴文化、展形象"使命的重要出版活动。针对主题出版,中宣部明确了六个方面的选题重点。童书出版在主题出版上是可以有所作为的。全民阅读,儿童优先。阅读优秀童书,有益于少年儿童的健康成长,也能帮助他们"扣好人生第一粒扣子"。

童书主题出版,一方面要坚定不移地坚持正确导向,另一方面要充分体现儿童特点,要做得"软"一些、"暖"一些,要春风化雨、"润物细无声",切忌板着面孔说教,切忌"大雨倾盆"。

童书出版,在"大力弘扬科学精神,普及科学知识,加强健康安全和生态保护教育,培育公民文明习惯""立足培养担当民族复兴大任的时代新人,深化社会主义核心价值观宣传阐释"以及认真做好庆祝中国共产党成立100周年选题编写出版工作这三个方面大有可为。如科普出版,一直是童书出版的短板,改革开放以来,我国在高铁、航天、深潜和量子力学等科学技术领域有许多创新和发现,涌现出许多国之重器,少年儿童科技爱好者的数量也与日俱增,但我们的科普童书出版却没有适时跟进。又如深化社会主义核心价值观宣传阐释的图书,更缺乏入心、入脑的童书佳作。

做主题出版童书还有一个值得重视的环节,就是一定要取一个好的书名。如中少社的"伟大也要有人懂"系列,借用鲁迅先生的话作书名,既有来处,又很新颖、很响亮、很有力量。

亦师亦友,编创双长

处理与作家、画家的关系也是童书编辑的必修课。作家、画家,是出版链的上游,也被称为出版社的"衣食父母"。编辑,是专门为作家、画家"作嫁衣裳"的"成衣匠"。优秀的编辑和优秀的作家、画家,是天生的合作伙伴。

理想的编辑与作家、画家的关系,应该是亦师亦友的关系,是紧紧围绕作品,互相学习、互相推敲、共同提高、共同进步的合作关系,是以文相交、以画相交的朋友关系。古今中外,编辑与作家、画家相知相交的友情佳话比比皆是。就我国儿童文学界和童书出版界而言,儿童文学作家孙幼军的《小布头奇遇记》,就是著名编辑叶至善慧眼识珠发现、并作了认真修改的。经典名著凝聚着作家、编辑共同的心血。

《小布头奇遇记》(中国少年儿童出版社)

在编辑与作家、画家的关系中,有一组比较特别,这就是新编辑或年轻编辑与成名作家、画家之间的关系。处理这组关系,我认为,新编辑或年轻编辑首先要抱着虚心好学的心态,将这样的合作作为一次难得的学习机会,但也要坚守编辑的岗位职责,严格审读,严格把关,认认真真做好书稿编辑。绝不能因为对方名声太大,就唯唯诺诺,使编辑一职形同虚设。我也曾听有的新编辑、年轻编辑说,自己有时很为难,因为有个别名作家公开表示自己的作品一个字也不能改，如果有问题文责自负，否则就换出版社。我觉得这种恃才傲物、藐视编辑工作的态度，是完全不应该的。我建议新编辑、年轻编辑遇到这种情况，及时向老编辑请教，或直接向总编辑汇报，绝对不要无原则地退却，放弃自己的编辑职责。

另外，我还想再给新编辑、年轻编辑提个建议，你们年轻人朝气蓬勃，长江后浪推前浪，出版业未来的希望在你们身上，你们完全可以在发现新作家、新画家，与新作家、新画家编创双长上多下功夫，创建新的、面向未来的伙伴关系，推动童书出版再上新台阶。

世界是你们的，中国童书出版的未来是你们的。

我看编辑这个行当

生活·读书·新知三联书店原总编辑 翟德芳

实事求是地说,编辑工作其实不是我的职业选择,我踏进编辑这个门槛,完全是被动的。大学毕业的时候,如果不是中国大百科全书出版社需要一个学考古的学生,我可能就在一个地方的文物局或博物馆里终老此生了。而当真正做起了编辑的事情的时候,我就不可救药地爱上了这个行当。30多年下来,尽管是编而优则"仕",或大或小地做了不少管理的事情,但我在心里却始终把自己当作一个编辑；在编辑事务上，由开始的初审，而后复审，至今天的终审，一刻也没有脱离看稿子的爱好。

我为何这样喜爱编辑工作

首先，我认为编辑可以不断地学到新东西。编辑这个职业，是每时每刻都需要学习、充实自己的。我做百科全书的编辑就不必说了，即使是编辑一般的图书，你也必须对所编辑的图书的相关知识有所了解，更不要说中国的文字和语言，简直就是知识和学问的汪洋大海。从踏入出版社门槛的那天起，我就在向书本学习、向老编辑学习，更在向作者学习。基于此，我认为，编辑是一个可以让人终身学习的职业，这简直太吸引人了！

《书业寻道》（中国大百科全书出版社，翟德芳著）

其次，编辑工作极符合我的兴趣。我自认是一个爱书的人，做编辑，可以让我每天都同书打交道，这是一件非常有意思的事，可以给我带来很多乐趣。我还有一点不足为外人道的"缺点"，就是不喜欢重复同样的工作。比如要是让我当一名火车司机，每天跑同一条线路，我大概几个月之后就会发疯。做编辑有一个好处，可以和不同的作者打交道，每编辑一本书都是一个新的开始，都和前一本书不一样；为了发行一本书，又可以到不同的城市去推广，这些对于我这样"见异思迁"的人也是极合适的。

再次，编辑是一个非常富有创意的工作。编辑每编一本书，不管是工具书、辞书，还是学术图书、普及型图书，都考验编辑的创意能力，更不要说选题策划部分尤其需要发挥编辑的创造性思维。一个新的选题如何设计、如何定名、如何寻找合适的作者，都在考验编辑的创意思维；把一本书做成什么样子，如何去设计这本书的内文版式、天头地角，如何选定装帧方案和材料，也无不体现编辑的审美能力。这些工作具有挑战性，也吸引一个好编辑去为之努力。

最后，编辑有成就感。试想一下，一位名家或不那么有名的作者的作品，经你之手，确定了纲目，理顺了关系，打磨掉毛刺，穿上了衣裳，成为摆放在书店里的图书，这种感觉是多么美好！而如果一本书是由你自己提出了选题，经过你的文字编辑和市场推广，最后得到读者的肯定，甚或得到社会和国家的奖励，那就会更有成就感。

做编辑，通过出版物普及知识、传播文化、启蒙民众、促进社会进步，这是一个非常高尚的职业，也是一个能对社会作出特殊贡献的职业，更是我为之奉献一生的职业。

怎样才能做一个好编辑

我觉得做一个好编辑有以下五点就足够了。

首先，你要是一个爱书的人。所谓"爱书"，不是要做藏书家，而是要热爱读书。在我自己成长的年代，没有任何文化生活，爱读书似乎不难做到。在社会快速发展的今天，居于主导地位的是消费性的大众文化，日益兴起的互联网更是成为诱惑的渊薮，电子游戏、娱乐节目铺天盖地，牵扯了人们太多的精力和时间，让人无法静心阅读。在这样的现实条件之下，克服浮躁，真正拿出时间来读书，把阅读当作是一种生活方式，而不是为了解决一个问题、完成一门学业、考到一个文凭，这就太难了。但是，你如果要成为一个称职的编辑，这又是不可或缺的先决条件。就我30多年同各色人物的交往看，没有一个不爱读书的人最后会成为一个名编辑。

其次，你要了解读者，了解市场。这方面的要求别人已经说得很多了，这里不再重复。

再次，你要有激情。前面说过，编辑这个职业是一种创意性很强的工作，而创意是需要激情的。关于编辑的激情，我想说的是，激情来源于你对这个事业的热爱。你真正热爱这个行当，你就会一天到晚地转着念头：当前的社会最需要的是什么书？这位先生能否成为我的作者？这个话题是否可以成为一本书的素材？等等。而当你拿到一部好的书稿，你就会欣喜若狂，恨不得早一天把它变成图书，交给读者。而在怎样才能把一本书做得尽善尽美方面，你也可能会茶饭不思、全情投入。在这样的辛勤耕耘之下，总有一天，你会成功的。

又次，你要注重自我的提高。编辑工作门槛不高，但要做得好又很不容易，这就牵涉编辑个人能力的提高问题。俗话说，打铁先要自身硬。编人家的东西，尤其是名家的学术著作，或者是重要的工具书，编辑自身必须要有一定的知识积累，"以其昏昏，使人昭昭"，这样的人不会成为好编辑。与此同时，你编辑的每一本书都是新的，你的知识也就需要不断更新，要达到对你所审读的内容"了于心而敏于手"的境界，则非读书不可。这种读书又可分为平日积累和急时查阅两种。平日积累得多，用时不必急就，自然是又快又好；而急时查阅也是好编辑的一项绝技，书稿中有史实、数据、引文需要核实，知道该找什么书，到哪里找这本书，找到书之后一翻即到，都是本领。当然，这也需要平日看得多、记得多。

最后，你要能守得住寂寞。做编辑，当然都希望自己编出的书是畅销书、常销书或获奖书，但事实上畅销书往往是可遇不可求的，尤其对编辑新手而言，可能有那么一段时间，你编辑的图书默默无闻、不温不火，但是这没有关系，只要你有为读者奉献出精品精神食粮的决心，再去认真研究市场、和作者交朋友，你就一定会编出好书的。

话是这么说，实际上在这方面，自己的造诣还远远不够，也可以换句话说，这方面的努力是没有止境的。

编辑四大名著
既要专业性也要定力

中华书局总编辑　周绚隆

我在人民文学出版社工作期间，有幸接触到四大名著的出版项目。在介绍四大名著的出版情况之前，我想先将时间拉回人民文学出版社建社之初，那时新中国刚刚成立不久，百业待兴，整个社会对于优秀的文化作品十分渴求。人文社的首任社长冯雪峰提出了"古今中外，提高为主"的办社方针，在这个思路的指导下，人文社对自己的出版板块进行了周密布局，中国优秀古典文学作品的整理出版被首先提上了日程。1953年，人文社出版了《水浒传》，它标志着新中国古籍整理的开始，《人民日报》在头版对此作了报道，将其视为重大文化新闻。之后，《三国演义》《西游记》《红楼梦》陆续出版，"四大名著"的概念逐渐深入人心，成为人文社的金字招牌。

四大名著的出版绝不是一劳永逸的事情，而是一个不断修订、打磨的过程，这就需要编辑不断跟踪学术发展，深入研究版本和文献，把学术和文献研究的成果及时反映到最新的版本中，尽可能给读者提供最好的读本。这份工作凝聚着无数人的心血，也是一项薪火相传的事业。那时我正手持"火炬"，带领着同事们一起深耕于此。

在我看来，四大名著的出版工作不是不断颠覆的过程，而是持续提高、不断精益求精的过程，这需要编辑的专业性，也需要编辑的定力。

扎在故纸堆里做案头工作

1997年，我从山东大学古代文学专业博士毕业，来到了人文社。我最初的想法是成为专家学者，在人文社的头一年，我在工作之余发表了3篇论文。不过随着工作量不断增加，再加上我对工作的要求比较严格，这个梦想就慢慢地搁置了。

好在我从事的是自己喜欢的工作,而且幸运地遇到了四大名著。不过在工作之初,我并没有直接负责四大名著的编辑工作,而是围绕着品牌做了不少工作。比如编辑出版了《红楼梦研究稀见资料汇编》,这是中国艺术研究院红楼梦研究所的一个重点项目。

《红楼梦研究稀见资料汇编》(增订本)
(人民文学出版社)

为了这个项目,我将1906年到1949年各类期刊发表的关于《红楼梦》的文章全部提取出来,挑选出了300篇进行排列加工。做这个工作很是枯燥烦琐,民国时期的很多报刊字迹都模模糊糊,而且还有不少错别字,工作量巨大。但功夫不负有心人,这个项目最终得以顺利出版,对红学研究产生了一定的影响。

在这个过程中,我认识到了编辑的案头工作,特别是处理文献能力的重要性。这一能力是编辑的基本功,是实践层面、技术层面的东西,需要不断训练加强。最初我处理文献的能力有限,然而这些年在出版社,提高了很多。

老辈人讲勤查书，我们记忆力没有钱钟书好，查10次只能记住2次，那么就要多查，慢慢积累，很多问题无非出在对某些典故、典章制度等不熟悉上面。在长期编书的过程中，经常查阅资料，慢慢就会熟悉。

保证文本内容的正确，应该是编辑最基本的责任。所以，我在带新编辑的时候，都会让他们先问自己一个问题：这个稿子的每一句你都看懂了吗？如果看不懂，有两种可能，要么你知识储备不够，要么书稿有错。你先在各种范围内查，如果查不到，那么有可能是作者抄错了，有可能是断句错了，总会找到问题的原因。

不过我自己也曾差点儿因疏忽出问题。有一次我在书稿里遇到"伏殴刀"这么一个词，当时懒得查，就望文生义地解释为打架时挨了一刀。快要交稿的时候，我觉得不踏实，还是查了一下《汉语大词典》，发现这个词原来是伏法受刑的意思。当时我惊出一身冷汗，从此遇到不认识的词都会老老实实地查文献。

精益求精编辑四大名著

经过一段时间的积累，我成为人文社古典文学部的主任，开始负责四大名著的出版工作。我想用"精益求精"四个字来形容四大名著的出版工作。因为，出版工作并不是抛弃过去的积累每次都推倒重来,而是跟随着学术的研究进程,让作品趋于完善。

现在市场上有很多四大名著的版本,但很多出版公司都说不出自己所选用的版本是什么,图书的质量可想而知。我认为,判断四大名著的出版质量有两个标准:一是版本,二是注释。

人文社为四大名著的出版都做了哪些工作呢?我们在底本选择上非常严谨,整理工作也做得十分扎实,不仅做好了校勘、分段、标点等基础工作,还为四大名著增加了必要的注释。据粗略统计,"中国古典文学读本丛书"版四大名著中,为《红楼梦》所作的注释有2350条,《水浒传》的注释有510条,《三国演义》的注释有571条,《西游记》的注释有727条。但凡典章制度、名物、典故以及难解的语词,我们都尽可能对其做了注释。对于书中的诗、词、曲、赋、谜

"中国古典文学读本丛书"四大名著(人民文学出版社)

语、酒令等，必要时还做了串讲。对一些有争论的问题或观点，也做了说明，以备读者参考。通过这些，可以让读者更好地进入四大名著的世界。

在这个过程中，我们所坚持的原则就是要对读者负责。听闻个别出版社处理作者的注释稿时，一般只删不改，也不替作者增补注释文字，理由是那样就把编辑的劳动创造白白送给了作者，人家还不一定领情。从著作权的角度来看，这种说法是有一定道理的，不过从出版的角度就讲不通了。书稿由作者交到我们手里时，还只是作品，经过我们的加工制作才成了产品。出版社卖给读者的是产品。只有认真打磨好了，作为编辑才不会留下遗憾。

做书做出了感情

在工作的这些年里，也有高校向我抛来橄榄枝，我犹豫了一下，还是选择继续待在社里，因为做书已经做出了感情。

我曾经和一个编辑就书稿的加工发生过争论，那个编辑认为应该文责自负，意思是即使出现差错，也是作者自己的责任。听到这句话后，我认真地告诉她，文责自负是对作者说的，但我们是图书的制造者和生产者，也必须对自己的产品负责。

我觉得编辑要有一定的牺牲精神,因为图书是文化商品,包含着文化品质,所以不能简单地当成一般产品看待,这就需要编辑投入大量的心血,也需要一定的牺牲精神。

同时,编辑也要禁得住诱惑。2006年,刘心武在《百家讲坛》讲解《红楼梦》,掀起了新一轮"红学热",市面上马上出现了各类关于《红楼梦》的图书,良莠不齐。但那个时候,我们没有陷入这种喧嚣,而是沉下心来,在这个过程中做了很多基础性工作。比如,我们对普通读者很难接触到的《红楼梦》古抄本进行了影印普及,反而取得了很好的效果。同时还推出了"红学经典丛书",意在告诉读者,真正的学术应该是怎么样的,阅读《红楼梦》应该坚持怎样的立场和方法。

人文社四大名著的出版,除了延续一贯的高品质外,还会根据需要进行不断调整,进行一些创新尝试。比如,推出精装插图本、大字本和相关的文创产品等。这将是一个持续的过程,我们永远在路上。

以精品力作增强文化自信

人民出版社副总编辑　陈鹏鸣

习近平总书记在党的十九大报告中指出:"文化是一个国家、一个民族的灵魂。文化兴国运兴,文化强民族强。没有高度的文化自信,没有文化的繁荣兴盛,就没有中华民族伟大复兴。"报告共六次提到"文化自信",并提出"文化自信是一个国家、一个民族发展中更基本、更深沉、更持久的力量"。当前,全国人民正在进行伟大斗争、建设伟大工程、推进伟大事业、实现伟大梦想,新时代的出版人要讲品位、讲格调、讲责任，抵制低俗、庸俗、媚俗，以精心出版的一部部精品力作进一步增强全国人民的文化自信。

编辑决定出版质量

精品力作是一个国家和民族在波澜壮阔的崛起征程上最耀眼的文化印记，反映着一个国家的文化创造能力和水平，标志着一个民族的思想深度、文化厚度和精神高度。编辑是出版活动的组织者、出版物的策划者和加工者，同时，也是出版质量的决定者。好书与差书的区别，关键往往在于编辑是否尽职尽责。

我国是出版大国，近年来，每年出版新书26万种左右，出版期刊1万种，但从经济体量上看，出版行业在整个国民经济体系中占比很小，统计显示，2016年全国图书、期刊（含广告）营收共计1025亿元，还赶不上比亚迪汽车公司一家营收1039亿元。但是，一般企业所生产的产品，只是普通商品，除了使用价值之外，对于消费者基本没有其他影响。而出版行业的产品不仅具有商品的属性，更具有意识形态的属性，它能影响、改变使用者——读者的思想，因此，从社会效益、文化贡献以及对社会的影响力来衡量，出版行业非常重要。

近年来，我国自然科学和哲学社会科学各领域繁荣发展，高品质原创性成果纷纷涌现，但有国际影响力的精品力作并不太多。随着出版业改革的推进，出版市场化的程度不断提高，出版物品种数量也大幅飙升，市场竞争日趋激烈，但不少图书内容平庸、制作粗糙、质量低劣甚至是印刷垃圾。个别出版人见利忘义，降低出版门槛，甚至不设出版门槛，只要略有蝇头小利，随便什么人都可以写书、出书。甚至一些毫无文字能力的所谓"网红""明星"，也堂而皇之地出起书来。结果是，写得快、出得快、扔得更快。

出版物有"高原"缺"高峰"，其中的原因很多，若从出版环节来看，出版单位管理不到位、编辑没尽到把关责任等，无疑是重要原因。从根本上看，最关键的原因是有些出版单位及其编辑片面追求经济效益、忽视社会效益。中国古代将那种不讲质量、滥刻无益无用图书的行为直斥为灾梨祸枣，意思是白白糟蹋了刻书用的梨、枣树木，为人所不齿。历史上许多有良知的出版人，虽居市井之中，但轻财重义，特别重视图书的文化积累与传承价值，重视文化的社会效益。他们不惜巨资，访求珍本善本，"校亥豕之讹，寿诸梨枣"，校勘严密，刻印精美，在出版史上留下美誉。当代出版人要继承弘扬先贤的出版价值观与文化追求，坚守出版品位和质量要求，坚持社会效益第一，自觉担负起社会责任。

新时代呼唤高素质编辑

当前,我国正由文化大国向文化强国迈进,新时代呼唤更多高素质的优秀编辑人才。为适应新时代的需要,编辑必须努力提升政治素质和业务素质。

提升政治素质,要求编辑必须认真学习并牢固掌握马克思列宁主义、毛泽东思想、邓小平理论、"三个代表"重要思想、科学发展观,特别是习近平新时代中国特色社会主义思想;严格遵守国家的各项法律法规,坚守正确的出版导向,不为错误思想和言论提供阵地。习近平总书记提出党的新闻舆论工作"48字"职责和使命,开头两个词就是"高举旗帜、引领导向",体现了对于导向的高度重视。在出版工作中,编辑要始终坚持政治意识、大局意识、核心意识和看齐意识,把握好出版物的意识形态属性与产业属性、社会效益与经济效益的关系,坚持社会主义先进文化的前进方向,把社会效益放在首位,在思想上、政治上、行动上同党中央保持高度一致,绝不让同党中央不一致的声音出现,绝不为错误思想提供传播渠道。努力策划编辑出有思想、有温度、有品质的作品,丰富人民的精神世界,增强人民的精神力量,为实现第二个百年奋斗目标和中华民族伟大复兴的中国梦汇聚强大正能量。

　　提升业务素质，要求编辑必须具有较高的语言文字水平、丰富的学术专业知识和出版专业知识等。编辑要不断提升运用语言文字的能力，熟练掌握现代汉语及标点符号的使用规范，发扬工匠精神，以敬畏之心处理每部书稿，咬文嚼字，发现并改正书稿里的文字、标点等硬伤，保证汉语言文字的规范性、严谨性和纯洁性；同时，还要考虑谋篇布局是否合理、逻辑思维是否严密等。编辑要具有一定的学术专业知识，熟悉某一学科专业，能够与作者进行学术对话，有能力编辑专业学术著作，除此之外，真正高水平的编辑还要能把握社会和学术的发展趋势，引领学术思潮的发展方向，设计出新的学术前沿课题，带动学术界从事社会所需要的学术研究，进而推动学术和社会的进步。编辑还要具有较高的出版专业知识水平，掌握出版规范和要求，遵循出版规律，适应读者的阅读需求，自主策划优秀选题，选择最合适的作者和出版形式，精准定位、突出特色，运用自己的智慧，生产出读者真正爱看又愿意购买的出版物，努力把服务读者同教育引导读者结合起来。

　　编辑工作绝不只是简单的"来料加工"，而是包含有大量创造性劳动，对于作者进一步完善、提升作品的水准和价值不可或缺。20世纪50年代，只读过6年小学的曲波写出《林海雪原》初稿后，先是按照人民文学出版社编辑龙世辉的建议进行修改，但由于读书不多，文学水平有限，只好委托编辑帮助修改。龙世辉接受委托，几乎把小说改写了一遍。《林海雪原》出版之后终于引起巨大反响，成为现当代文学史上的经典。

增强文化自信 讲好中国故事

中华民族有着五千多年辉煌历史，创造了无比灿烂的中华文化。长期以来，中国人对于以儒家文化为主体的中华文化一直高度自信。近代以后，面对西方资本主义国家坚船利炮的入侵，古老的中国竟无力抵抗，节节败退，不断割地赔款。一批先进的中国人"开眼看世界"之后，不得不承认西方在技术层面上比中国先进，于是主张学习西方先进的工业文明，"师夷长技以制夷"。但是，洋务运动的失败，让人们认识到仅仅学习西方的物质文明还是解决不了中国落后的问题。一场场失败的反侵略战争，给中国人留下了一段段屈辱的痛苦记忆。民族自尊心、文化自信心遭遇沉重打击。痛定思痛，深刻反思之后，人们对于传统文化不再自信，反而将其看作是中国落后的根本原因，必欲抛弃而后快。于是，"打倒孔家店""全盘西化"等主张纷纷出现，甚至有学者提出废除汉字、改用拼音文等极端主张。虽然这些主张在当时有着反封建的积极意义，但是，这种全盘否定中国传统文化的主张，无异于在倒洗澡水的时候，连同孩子一起倒掉。其实，传统文化早已融入中华民族的血液里，成为我们的基因，任何人都不可能完全脱离本民族的传统文化，就像人不可能拔着自己的头发离开地球一样。

进入新时代，中国日益走近世界舞台的中央，中华民族迎来了从站起来、富起来到强起来的伟大飞跃，我们比历史上任何时期都更加接近、更有信心和能力实现中华民族伟大复兴的目标。习近平总书记反复强调要讲好中国故事，增强文化自信，"努力展示中华文化独特魅力"，"把跨越时空、超越国度、富有永恒魅力、具有当代价值的文化精神弘扬起来，把继承传统优秀文化又弘扬时代精神、立足本国又面向世界的当代中国文化创新成果传播出去"，"推动中华优秀传统文化创造性转化、创新性发展。继承革命文化，发展社会主义先进文化，不忘本来、吸收外来、面向未来。更好构筑中国精神、中国价值、中国力量，为人民提供精神指引"。

讲好中国故事，增强文化自信，出版人应该而且能够大有作为。中华优秀传统文化是中国文化的根基，出版人更应抱着"温情与敬意"，创新传播方式，以现代青年人喜爱的形式，结合最新科技手段，以"互联网+"思维，通过各种融媒体手段，实现传统文化的创造性转化、创新性发展，策划出版一批深入阐释传统文化内涵和现代价值的图书。红色革命文化是在中国共产党带领人民进行艰苦卓绝的革命斗争中形成的文化，出版人要进一步弘扬"红船精神""长征精神""西柏坡精神"等革命精神，结合建党、建军、建国等重大节庆纪念日和各具地方特色的红色文化、先进集体与英雄人物等，做好相关主题的出版工作。社会主义先进文化形成于社会主义建设和改革开放以来的伟大实践，内容生动丰富，出版人要立足于当代中国社会的现实需要，结合当今时代条件，大力培育和践行社会主义核心价值观，推出更多精品力作，繁荣发展社会主义文化，增强读者的文化自信。

《中国共产党一百年大事记（1921年7月—2021年6月）》
（人民出版社）

增强文化自信，出版人还要面向世界读者讲好中国故事，向外国读者介绍中国优秀文化，提供中国理念、中国智慧、中国方案和中国实践，促进世界上其他国家的经济发展，助力解决全球问题。面向世界讲好中国故事，并不是故步自封、盲目排外，而是以更加开放包容的心态，不论对于什么文化，都能做到兼收并蓄，各美其美，美美与共，促进不同文化之间的交流。

精品力作是支撑文化自信的基石。新时代的出版人要努力提升各方面素质，不断策划出版更多精品力作，在实践创造中进行文化创造，在历史进步中实现文化进步，为增强全民族的文化自信贡献力量。

求真、求新的出版精神薪火相传

化学工业出版社副总编辑、社长助理　周国庆

《机械设计手册》(以下或简称《手册》),是化学工业出版社(以下简称"化工社")的镇社之书。它诞生于1969年,至今已推出6版,总发行量近130万套。这套书结束了我国机械设计领域没有大型工具书的历史,成为广大设计工作者、科研教学人员和工业企业技术人员的必备工具书,被读者亲切地称为"绿皮书",让全国各地的读者赞不绝口。

"它内容齐全、实用、可靠,是我们设计工作者不可或缺的好助手。"山西省太原重型机器厂设计院的一位工程技术人员说。

"它从机械人员的角度出发,采用最新标准,实用便查。"湖南省湘潭市江麓机械集团有限公司工作人员说。

"我从事机械设计工作40余年,它是我一生事业中亲密、忠诚的伙伴。"江苏省南通市一位退休工程师说。

我从第三版开始参与这套书的编辑工作,与它有着28年的不解之缘。

《机械设计手册》第一版到第六版

老前辈的精神激励着我

提起《机械设计手册》,就不得不提教授级高级工程师成大先。20世纪60年代,我国设计人员使用的工具书主要是翻译苏联专家华西列夫斯基的《机械零件设计手册》。这部书虽然权威性高,但由于全部采用"苏式"标准,难以完全适应我国机械设计和机械工业发展的需要。因此,当时在北京有色冶金设计研究总院矿山机械设计室工作的成大先等人自发联络工程技术人员,开启了《机械设计手册》

的编撰工作。

那个年代出版科技图书十分不易。成大先等老前辈顶住压力，耗时一年半完成了300多万字的文稿，化工社老社长靳仲敏冒着风险出版《机械设计手册》，实现了广大设计人员多年的梦想，结束了我国机械设计领域没有大型工具书的历史，体现了出版人的责任与担当。

在《手册》编写修订过程中，成大先与各位主编经常深入设计院所、大专院校、工厂企业，向一线工作者了解《手册》的应用情况和意见，及时发现、收集生产实践中出现的新经验和新问题，不断改进和丰富《手册》的内容，使其更加符合读者的实际需求。

我还清楚地记得，《手册》编者之一、高级工程师王鸿翔为了写好"弹簧设计"部分，到处搜集数据，分析资料，把一些烦琐的计算公式编制成了直观的计算表。机械科学研究院高级工程师厉始忠主动向《手册》编委会介绍齿轮精度国际标准，承担了相关编写工作，并在温州、泰安等地的减速机厂中宣讲该标准的精神及具体推广的注意事项。

老前辈不断坚持调研、听取读者反馈、吸收最新技术成果的做法奠定了《手册》精益求精、与时俱进的根基，也激励着我们在浮躁的市场中保持定力、坚守品质，做好《手册》的编辑出版工作。

最怕出错影响读者使用

《机械设计手册》至今已走过52载，化工社也历经几任社长。1993年，时任社长俸培宗将《手册》作为出版社"一号工程"。就是在这一年，我开始参与《手册》的编辑工作。那是我来到化工社的第10个年头，还是第二编辑室的副编审，能够成为《手册》的编辑之一，确实感到压力很大。因为《手册》的影响力大，各界期望值高，但更多的压力还是源自对质量的追求，我们最怕出现差错影响大家使用。

1994年春节前后是《手册》（第三版）出版工作最为紧张的时刻。对我来说，那个春节的特殊之处还在于儿子的诞生。因为工作繁忙，我没能陪在家人身边，但对《手册》出版工作的全身心投入，换来了第三版全5卷的出版，首次实现了在较短时间内全套书一次性与读者见面。

我觉得，加班加点不算什么，难度在于如何争取出版时间，提升《手册》的内容质量。为了节省出版时间，我在第三版和第四版修订期间，经常与作者当面讨论书稿，提出修改意见。修订第五版时，由于正文排版不理想，图文配合不够紧密，我就和编辑团队一页页地提修改方案，并将很多文字转化成了表格，提升了《手册》的可读性和便查性。

对《手册》的文稿,我们也进行了严格把关。比如,在收到第六版"机电一体化"部分的书稿后,我们发现书稿内容与《手册》的实用性特色不相符合,篇幅也过于庞大。与作者协商后仍无法达到出版要求,虽然有些遗憾,也只得采取退稿处理。

编辑不但要做好质量的"守门员",更要扮演好桥梁纽带的角色。在《手册》出版过程中,我与编辑团队主动承担了一部分疑难稿件的组稿工作,并配合主编完成稿件的整理和审核。同时,我们也注重把读者的意见建议反馈给主编与作者,便于重印、修订时及时改正。

这是一段共同成长的征程

从担任《机械设计手册》编辑时的副编审职称,历任编辑室主任、分社长,到现在的副总编辑、社长助理,《手册》也"记录"了我不断成长的职业生涯。

不过,任何一部精品著作的问世,都是编写人员与出版团队密切合作的结果。50多年来,《机械设计手册》从第一版修订到第六版,框架结构逐步完善,内容也不断丰富和创新。《手册》带动许多读者成长为作者,编辑的业务水平得到了极大提升。

在内容创新方面,《手册》实现了从以提供设计资料为主向既提供资料又启发、引导读者和介绍新方法转变。在每一版的修订过程中,我都会带领编辑团队与主编反复沟通,力求《手册》内容体现国内外新技术、新工艺、新材料的变革和发展。例如,第五版副主编王雄耀对"气动篇"进行了全面更新,在国内首次推荐了阀岛技术、导杆气缸、仿生气动肌腱和模块化气动机械手等内容,出版后受到读者的广泛欢迎。

对化工社来说,一部《机械设计手册》让出版社看到了更为广阔的科技世界和出版天地。这些年来,化工社陆续组织编写了《中国材料工程大典》《机械设计图册》《数控编程手册》等图书,从化工机械到通用机械,踏上了朝完整机械出版方向发展的征程。其中,我参与编辑的《中国材料工程大典》还有幸获得首届中国出版政府奖图书奖。

《中国材料工程大典》(化学工业出版社)

进入信息化时代，我越发感受到互联网给读者阅读习惯带来的变革，于是带领编辑团队开发了一系列以《机械设计手册》为品牌的衍生产品。有的读者指出《手册》装帧厚重，我们就用16个分册的单行本解决《手册》翻阅与携带的不便。有的读者提出数字阅读的需求，我们就研发了《手册》电子版和软件版。在数字产品的基础上，我们还全面上线了"机械设计网络平台"，进一步为读者提供便捷开放的知识服务……秉持为读者服务的宗旨，我们让《机械设计手册》在数字时代焕发了新的生机。

实现出版精神的传承

50多年来，凝结着几代人心血的《机械设计手册》，前后涉及编者与出版人员数百人。这场不曾间断的接力，可以用"薪火相传的事业"来形容。在这个过程中，"不忘初心，与时俱进"，这看似普通的八个字，却是《机械设计手册》得以常青的永动内核，也是一众编辑出版人员始终肩负着的崇高使命。从《手册》第一版开始，"一切为了读者"的出版精神就未曾中断，一直传承至今。

"与时俱进"体现的是"变"。跨越两个世纪，《手册》在各版修订中不断增加新的内容，力求及时反映当时的科技发展水平和机械设计趋势，并对国家标准、行业标准进行全面的更新。而在这种"变"中也有着永恒的"不变",那就是"权威实用、内容齐全、简明便查"的特色,以及"给技术人员写书,让设计人员能用,替使用者着想,为读者服务"的初心。它们从不曾改变!

　　回首自己的职业生涯,我的初心已经与《机械设计手册》紧密相连。编者对《机械设计手册》的品质几十年如一日的追求,使得我们从事的工作不再是简单的修订和普通的编辑出版,而是责任与使命的延续,是值得一生去追求的事业。

如何成为优秀的文艺图书编辑

长江出版传媒集团原总编辑　周百义

看见出版社的老同志从作家那里拿到一本本有价值的书稿，出版后不是获了大奖，就是在市场中有上好的表现，有些刚进出版社不久的年轻编辑看得眼热心急：我何时也能"抓"到几本好的书稿呢？这事说难也不难。说难，是因为好的作者毕竟是稀缺资源；说不难，是因为任何事情都有自己的规律，你掌握了"诀窍"，就能成为一个成熟的优秀编辑。

了解够充分才能找到优秀作者

作为出版社编辑,找到优秀的作者十分重要,一流的作者才会有一流的作品。到哪儿能找到优秀的作者呢?我的建议是,你要做好两方面的工作。

一方面,你要对国内外的作者情况有一个宏观的了解。譬如作家,全国范围内目前比较活跃的作家有哪些?这些作家有哪些代表作,他们的作品目前在图书市场上表现如何?这些作家中,哪些是已经产生了影响的、比较成熟的作者,哪些是具有潜在的发展空间,或者说是有可能成为明日之星的作者?国外目前最受欢迎的是哪些作者?他们的图书在世界各大排行榜上有何表现?

你可能会说,我到哪儿去找这些作者的信息呢?其实,有几个途径。一是通过开卷信息技术有限公司的数据库,找到在一定时间范围内作者作品的销售数据;二是通过各种排行榜看一看哪些作者的图书受欢迎;三是你可以翻翻文学类的杂志,或者看看选刊,在这上面,你可能会找到潜在的作者。

另一方面,你对目前所在的出版社也要有基本的了解。例如:你们社过去出过哪些好的作品?这些作品在社会上产生过什么影响,曾经获了哪些大奖,在市场上的销售情况如何?还有,出版社与哪些优秀作者有联系?

为什么要研究那些曾经在本社出过书的作者呢？因为出版社一般有个约定俗成的规矩，就是本社其他编辑手上的作者，你不要去"撬"，否则，不仅会影响团结，也会带来不必要的内部竞争。如果出版社或者编辑室内安排你去联系某位作家，则另当别论。

除此之外，如果你去找作者约稿，除非你所在的社是行业内特别有影响的社，否则作者会关心出版社出版过什么书，这些书在社会上的反响，如果你不掌握情况，就无法与作者沟通，你向作者介绍出版社出版过的优秀作品，才会增加作者对出版社和对你的信任。一般新手进社后，会学习出版社的社史，当然，仅仅如此还不够，你要研究出版社的图书目录，还要在网站上检索相关资料，或者与资深编辑做些交流。

在比较中判断作品价值

在找到作者、拿到书稿之后，便要判断书稿的出版价值，这就需要你将书稿放到一个坐标系中去进行比较。竖的方面，指历史上已经出版的作品，你可以从文学史的角度，将手上的书稿与那些经典作品进行比较；横的方面，指当前出版的正在流行的作品。通过这种比较，来判断你手上的这部书稿，具有哪些优点、哪些不足，是否达到了出版水平，或者说，有哪些独到之处。

比较就是鉴赏的过程。一个编辑必须具有一定的鉴赏能力。这种能力来源于你的专业背景和专业素养。目前能够到文艺出版社做编辑的，多半是中文系毕业，不是硕士就是博士，对于中外文学史应当比较熟悉，应当阅读了大量的经典作品。

当然，除了学校学到的文学史、文学理论知识外，还应当阅读当下有影响的文学作品。任何一部作品，都应当是对前人的超越，是一次创新，而你只有掌握了这些动态的出版信息，才好建立一个评判标准。

所以，有人说，出版就是一个选择的过程，选什么、不选什么，与你的鉴赏水平有很大的关系。大家可能知道，有些获得大奖、产生巨大影响的文学作品，当初也曾经在多家出版社流浪，后来遇到伯乐，并有幸成为经典传之后世。但当初那些没有看出作品价值的编辑，在某种程度上，应当说鉴赏能力还有待提高。

作品往往需要编辑的锦上添花

虽然有些成熟的作家，作品出手就比较完美，但更多的作家，无论是已经成名的，还是尚未成名但已出版过一些作品的作家，作品中往往都还有不尽如人意之处。这时，作者也需要编辑来一起完善作品。这方面的成功案例已经很多了。如杨益言、罗广斌在中国青年出版社出版《红岩》的过程，曲波在作家出版社（时为人民文学出版社副牌）出版《林海雪原》的过程，编辑的参与就十分重要。

尽管当下的编辑不可能代替作者去做大幅度修改，但锦上添花的事情还需要编辑来做。因为编辑与作者站在不同的角度上，编辑对作品虽然不比作者更熟悉，但会更客观、更冷静一些。导向的把关不用说，编辑要负起责来，作品的情节设置是否合理、人物形象的塑造是否丰满、语言文字是否符合规范、思想内涵可否进一步升华，编辑可以与作者在一起讨论，让作品在出版时尽量少留下遗憾。

例如，我在担任多卷本长篇历史小说《张居正》责任编辑时，作者熊召政听取了我的建议，将第一卷推翻重写，

《张居正》（长江文艺出版社）

完全改变了原有的创作构思和写作风格，因而使小说的艺术水准得到较大的提升，这部作品后来还获得了第四届茅盾文学奖。当然，不同体裁的作品有不同的标准，小说、诗歌、散文、报告文学等，各有各的艺术要求与规定性，编辑要按照不同的标准去鉴赏。

多读多写提高鉴赏力

选稿与改稿都需要鉴赏力，那么编辑如何提高自己的鉴赏力呢？主要有以下两个途径。

一是多读。用聂震宁先生的话说就是提高阅读力。有些同志，在学校里读了一些书，但到了工作单位后，因为多种因素影响，读书较少。书读少了，视野狭窄，拿到书稿，就没有参照物来进行比较了。

因此，工作之余，要完善自己的知识链条。过去没有读的，要重新找来读；当下出版并得到公众认可的图书，也要找来读。读书的方法很多，但结合自己的工作，进行主题阅读，会尽快地完善知识结构，达到学以致用的目的。

作为文艺出版社的编辑，读了某一部文艺作品，最好也要读一读关于这部作品的评论文章，看一看专家们是如何评价的，以此提高自己的理论修养和鉴赏能力。

二是要提高自己的写作力。很多编辑上学时为了写好论文，曾经受过专门的训练，但到了单位后，却很少动笔。如果一味读而不动手写一写，读书的效果很难体现。曾国藩曾经以"看读写作，缺一不可"总结自己的读书生涯。他认为读书能促进写作，写作能促进读书。梁启超也强调读书要记笔记，这些笔记分门别类汇在一起，不仅能增强记忆，而且能为写作积攒资料。

某些人读书多，评价别人的作品头头是道，但当自己动起笔来，却写不好。我们形容这种人是"眼高手低"。你想，一个没有写作实践的编辑，即使说起来一套一套的，恐怕也只是隔靴搔痒。

文学史上很多优秀的作家，如茅盾、巴金、叶圣陶等，当初都是优秀的编辑，所以经他们手推出了许多优秀的作家和优秀的作品。我们的编辑虽然不可能都成为优秀的作家，但具备一定的写作能力和没有写作能力，在鉴赏稿件时，在与作者交流时，还是大不一样的。

因此，编辑动手写写东西是十分重要的。作为青年编辑，我们可以为自己担任责任编辑的图书或者本社其他的图书写写书评，或者做些专题研究，也可以尝试进行文学创作。

选题不外乎寻找原创与产品创新

市场经济条件下，出版社竞争激烈，是一种必然的现象。加上新媒体的蓬勃发展，全国所有的文艺出版社，包括编辑，都面临着产品如何转型、如何创新的问题。

我认为，在当前这种情况下，出版社的产品定位就显得尤为重要。出版社要通过构建自己的特色产品线，保持一定的产品规模，这样在市场上才有竞争力和品牌号召力。除此之外，出版社要适应新媒体时代读者阅读的需要，将新的要素与传统的出版融合到一起，为读者提供新的阅读体验。

作为编辑，要根据出版社的产品定位，找到自己的站位。策划选题的思路，不外乎寻找原创和对原有的产品进行二次创新这样两条路径。

作为文艺出版社，一定要注意出版原创产品，培养新人。虽然原创作品中只有那几个顶尖作家销售有保证，但任何时代，作家都是长江后浪推前浪的，如果在你的手上能培养出几个"大腕"，不仅会为你带来效益，也会成就你的编辑生涯。虽然，寻找"大腕"的过程很漫长，但从概率上讲，这种可能一定存在。

同时要结合新媒体时代的阅读特点，进行产品创新。创新是多方面的，除了内容创新外，在形式上，还有很多的途径。具体如何创新，要因书而宜。只要做有心人，机会永远都存在。因为，中国有庞大的市场，有永远的读者。

策划产品不能抱着"试错"心态

出版社作为企业,强调经济效益是必须的,对编辑的考核往往也基于此。但对于青年编辑,不同的出版社有不同的政策。有些出版社给三年的保护期,在保护期内,青年编辑按照一定的比例发放效益工资。有些出版社,新进的编辑人员每个月给以适当的补贴。当然,新人来到出版社,刚开始收入较低,你也应当理解。别的老编辑在出版社已经工作多年,他们也是从小编辑一步一步做出来的,等你有了五到八年的积累,也会成为中坚力量的。

有鉴于此,不少青年编辑积极上进,希望出版社能多给予试错的机会。这要看如何理解"试错"。其实,出版社做任何产品都有风险,因为市场在不断变化,产品是否符合市场的需求,必须经过市场的检验才能得到证明。作为管理者,一定会考虑将这种风险降到最低程度。

作为青年编辑,从主观上来说,一开始不能抱着试错的心态,而是应当努力将这种风险控制在一定范围内。要向老编辑虚心学习,在老编辑的带领下尝试独立策划。策划选题时,一定要将各种不利因素考虑进去,从成本到定价,从投放时间到市场开拓,从营销到添货,都要做好预案。编辑是项目的负责人,有些环节虽然不亲自操作,但要积极参与,这是由市场经济所决定的。

当然，作为出版社负责人，也要鼓励青年编辑开动脑筋进行产品创新。因为青年人接受新事物快，对于新媒体会比年纪大的同志更熟悉，在融合出版上，更能发挥优势。出版社在风险可控、反复论证的基础上，也应当允许青年编辑大胆尝试、大胆创新。

让作者信赖你

与作者建立持久的联系也是一门艺术。有时下了很大功夫给作者出版了一本书，结果下一部书稿他却交给了别人，我想，出现这种情况的原因是多方面的。首先要考虑的可能性，就是第一次合作让他不是很满意。如销售不理想，稿费支付不及时，或者宣传力度不够，或者你对他尊重不够，联系不够紧密，等等。要分析一下原因究竟出在什么地方。

在出版史上，有些编辑与某些作者建立了终生的联系，不仅成为工作上的合作伙伴，而且成为挚友。虽然能成为朋友是双方面的因素，但编辑作为其中一方，个人的能力与为人处世的态度是很重要的。

大家知道，美国资深编辑珀金斯发现了菲茨杰拉德、沃尔夫、海明威这些优秀作家，并与他们成为了终生的朋友。其主要的原因，是珀金斯发现了他们作品潜在的文学

《天才的编辑:麦克斯·珀金斯与一个文学时代》
(广西师范大学出版社)

特质后,帮助他们完善作品,在其中发挥了很大的作用;同时,珀金斯积极维护作者的利益,及时向他们支付稿酬,加大作品的宣传力度,帮助他们解决生活中的困难,也让作者感觉到可以信赖。再如钱钟书与周振甫的合作,之所以能延续几十年,关键是周振甫本人的学术修养,对完善钱钟书的作品起到了很大作用,能让钱钟书放心。

  我想,在市场经济的条件下,作者考虑自己的经济效益是可以理解的;但是,如果你能在不损害出版社利益的前提下,为作者作品的出版、宣传、评奖,包括作者的报酬,争取效益的最大化,相信作者会权衡利弊,此后与出版社,包括与你,进行长期的合作,是完全有可能的。

  进行数字化时代,青年编辑的天地更加广阔,希望你们为读者带去更多、更好的文艺作品!

谈谈"作者型编辑"

中原出版传媒集团总编辑　耿相新

在出版产业的角色分工上,编辑角色具有多方面的双重属性:就其创造的价值而言,编辑既有意义属性又有利益属性;就其创造的成果而言,编辑既有物质属性又有精神属性;就其职业活动场景而言,编辑既有企业内部属性又有社会活动属性;就其职业活动的特点而言,编辑既有技术属性又有艺术属性;就其角色的职责而言,编辑既有原创属性又有规范属性。明晰编辑角色的多重属性,有助于青年编辑了解职业定位、形成角色认同。

编辑的原创属性,可对应于编辑的作者功能,编辑的规范属性,可对应于编辑的编审功能。如何界定和理解"作者型编辑"?顾名思义,"作者型编辑"强调的是编辑具有双重属性,一是技术加工整理规范属性,二是作者的智力成果属性。如何做一个优秀的"作者型编辑",在这里我与青年编辑做几点交流。

编辑工作也是创造性的工作

我在给《编辑档案》一书所写的序言中说道:"在出版实践活动中,实际上存在着三种类型的编辑——作者型编辑、策划型编辑、加工型编辑。"以前我们关注比较多的是"编辑学者化",对这一话题的讨论发轫于20世纪80年代末,至今仍未结束。我认为"作者"与"学者"这两个概念有大小之分,"作者"包括"学者",用"学者"去讨论编辑的创造性劳动有以偏概全之嫌。因此,我更倾向于用"作者"这个概念与"编辑"这一概念相对应。

毫无疑问,在出版实践活动中,作者与编辑是两个特点鲜明、责任各异的角色。作者是创作之源,是创作作品的自然人或组织机构,创作是直接产生文学、艺术和科学作品的智力活动,作品是指文学、艺术和科学领域内具有独创性并能以一定形式表现的智力成果,原创和独创是作者的最大特点;而编辑,则是表现作者智力成果的必不可少的参与者,在规划策划、组织作品、鉴别优化、审读加工、流程管理、宣传推广等环节居于中心地位,是整个出版活动中的核心。刚入职的青年编辑,首先要对作者和编辑角色的不同定位有个明晰的认识,遵循各安其位的原则。

但是,随着对出版业和出版史了解的不断深入,我们发现,作为出版活动中的自然人,作者和编辑的智力活动和智力成果并不能截然分开,甚至二者的智力劳动往往也存在不同程度的叠合。这种叠合及编辑在其中的创造活动主要体现在以下三个层面。其一,就创造性而言,编辑所提出的选题创意,往往是作者创作的起点,显然,选题创意往往具有原创性、独创性。其二,就学识性而言,作者所提出的创意或提交的智力成果,往往参考了编辑的建设性意见。如何选择和确认作者的智力成果,往往考验编辑的学识、识见水平。选择和确认作者智力成果的过程,也是一种创造性行为。其三,就技术性而言,编辑对作者智力成果的科学化、规范化、社会化的过程就是固化智力成果的过程,编辑对其进行的整理加工同样具有智力劳动式的创造性。由此可见,在智力成果的固化过程中,编辑的智力劳动和作者的智力创造具有同等重要的作用。

事实上，中国古代、近现代乃至当代最优秀的编辑家大多也是优秀的作者。中国古代如孔子编辑整理《诗》《书》《礼》《乐》，赞《周易》，修《春秋》；刘向编辑《楚辞》《说苑》《新序》，著《别录》；欧阳修编修《新唐书》、编辑《集古录》，著《六一诗话》，有《欧阳文忠公集》等；司马光主编《资治通鉴》，著《涑水记闻》，有《温国文正司马公文集》等；解缙总编辑《永乐大典》，有《解文毅公集》；纪昀主编《四库全书》，著《阅微草堂笔记》等。近现代乃至当代如梁启超主编《中外纪闻》《时务报》《新民丛报》等，著有《饮冰室合集》；张元济编辑校勘《百衲本二十四史》，著有《张元济诗文》《张元济傅增湘论书尺牍》；邹韬奋主编《生活》周刊，有《韬奋全集》；叶圣

《张元济傅增湘论书尺牍》（商务印书馆）

陶主编《小说月报》《中学生》，有《叶圣陶集》；巴金主编"文化生活丛刊""新时代小说丛刊"，著《灭亡》《秋》《寒夜》等；周振甫编辑加工《管锥编》《历代诗话》，著述《文心雕龙注释》等。以上例举的著名编辑家，在他们的编辑身份之外，与之平齐甚至更为响亮的名头是作家、著作家或大学问家。

综上所述，我提出"作者型编辑"，一是基于作者和编辑身份往往重合的历史事实，二是基于智力成果固化过程中作者和编辑共同进行了不可或缺的创造，三是基于一种倡导，目前编辑的创造性、原创性正在减弱，我想提醒青年编辑，编辑不仅仅是将内容规范化的整理加工者，更是智力成果的发起者、参与者和智力成果社会化的推广者，编辑工作也是一种创造性的工作。

两种身份你中有我，我中有你

与"作者型编辑"相对应的是"编辑式作者"，后者强调的是有相当一部分作者的创造性活动具有编辑属性，含有相当程度的编辑功能。二者是相辅相成的。

为了更好地理解以上两个概念，我们首先要明确作品分类和创作形式分类，这两个维度，一个通向编辑的对象，一个通向作者的类型。我国著作权法中罗列的作品形式主要有文字、口述、音乐、戏剧、曲艺、舞蹈、杂技艺术、美术、建筑、摄影、视听、图形、模型、计算机软件等，这些作品都是编辑活动的对象，都对应着不同类型的编辑，如文字作品可对应于文字编辑。至于作品的创作形式，大体上可分为著作、编著、编纂、汇编、摘编、翻译等类型，不同的创作形式对应于不同的作者类型。综合以上两个维度，我将"作者型编辑"归纳为四种类型，即主编型编辑、汇编型编辑、编纂型编辑、著作型编辑。

提出"作者型编辑"，并不是吁请每位编辑扔下本职工作转向成为作者，只是在相当长的历史阶段和相当多的知识门类中，编辑身份和作者身份常常处于你中有我、我中有你的状态，这是一种不容忽视的历史事实。

从知识生产的历史来看，中国古代的作者和编辑合而为一的现象较为普遍，19世纪末20世纪初随着西式出版机构的出现，二者才逐渐分离并各自独立为专职作者和专业编辑，但编著合一的现象并未完全退出出版历史舞台，如商务印书馆和中华书局的教科书编写依然是由本组织机构中心专职编辑完成的，这一模式一直延续到新中国成立后的人民教育出版社，新中国的教科书绝大多数依然是由人民教育出版社的编辑撰写完成的。改革开放之后，由本社编辑编纂而成并公开出版的出版行为还依然存在于诸如古籍、教育、少儿等类出版社中。进入21世纪后，出版社内编著合一的出版现象开始日趋式微。

让我们检视一下历史上著名的"作者型编辑"。一是主编型编辑，可分为单本书主编、套书主编和丛书主编，单本书主编如鲁迅主编曹靖华译《苏联作家七人集》、茅盾主编《中国的一日》、杜亚泉主编《植物学大辞典》；套书主编如舒新城主编《辞海》、张静庐主编《中国近代出版史料》《中国现代出版史料》；丛书主编如张元济主编《百衲本二十四史》、王云五主编《万有文库》等。二是汇编型编辑，大多数的丛书、合集和文献史料编辑属于汇编型出版物，如张元济编辑《四部丛刊》、郑振铎编辑《中国版画史图录》《中国历史参考图谱》《明季史料丛书》、顾颉刚编辑《古史辨》、赵家璧编辑《中国新文学大系》等。三是编纂型编辑，类书、百科全书、辞典、年鉴、书目等工具书属于编纂类图书，历史编纂、文献编纂也是重要的编纂类图书类型。工具书编纂如胡乔木、姜椿芳、梅益、杨牧之总编辑《中国大百科全书》，陆尔奎编纂《辞源》；历史书籍编纂的典型——司马光编纂《资治通鉴》；叶再生《中国近代现代出版通史》属于在大量的文献史料基础上完成的编纂类书籍。四是著作型编辑，著作类书籍主要包含由作者或机构群体所创作并出版的文学、艺术和科学等领域内的原创性作品，涉及出版的各个门类，站在编辑的角度，著作型编辑主要是指从事出版行业的各门类编辑在编辑工作之外还是一位作家、著作家、原创性著作作者。比如现当代编辑家叶圣陶、茅盾、林语堂、胡风、巴金等，除了在编辑出版领域取得巨大成就，同时还是影响现当代的著名作家。又如现代编辑家、出版家杜亚泉、夏丏尊，现当代的周建人、郑振铎、邓拓、胡绳、陈原等，他们同时还是语言学、历史学、科学等领域的顶尖学者、优秀专家。又如现当代编辑家钱君匋，他既是优秀的美术编辑，又是装帧设计艺术大师，在编辑和艺术创作两个领域均作出了突出贡献。

《晦庵书话》（生活·读书·新知三联书店，封面设计：钱君匋）

如何成长为"作者型编辑"

编辑具有多种类型，如组稿编辑、文稿加工编辑、美术编辑、技术编辑、策划编辑等，具备作者属性的"作者型编辑"只是编辑角色中的一种。我们不必要求每个人都成为"作者型编辑"，但如果立志成为一个兼具作者身份的编辑，我认为核心是要提高三种能力：创意策划能力、专业研究能力、艺术创作能力。

首先，要努力提高个人创意策划能力。编辑的核心竞争力是其创造性和创新性，而编辑的创造性具体体现在能够提出具有创意性的选题。要想提出创意性选题，一是要增强个人的社会、知识和技术的洞察力，拥有敏锐感知读者需求的能力；二是要着力提高个人的知识发现力，见人所未见；三是要在拥有广博知识的基础上，着力增强个人的知识整合力，在系统论视角下找到创新突破点。

其次，要努力提高个人专业研究能力。在知识门类越来越细分的当下，拥有、熟知、精通并坚守一个学科的专业知识是任何一位编辑立身的必备条件。编辑职业化的同时还要专业化。只有专业化的编辑才能策划、编辑并出版内容一流的出版物。只有具备学术研究能力，才能提出有创见的优秀选题。提高个人专业研究能力，一是要全面、系统、完整地掌握一个学科的知识体系，创建自己稳固的专业根据地；二是要对本专业的研究现状了如指掌，对本专业的前沿问题始终保持警觉；三是要牢牢掌握本学科的研究方法，从方法论的突破切入到思维方式的突破、研究方向的突破和学术成果的突破。

最后，要努力提高个人艺术创作能力。艺术创造依赖于个人的天赋、基本功、灵感，当然，坚持不懈地刻苦勤奋工作也是完成伟大创作的必备条件。提高个人艺术创作能力，一是要对自己的天赋有十分清醒的认识，运用自己所长，不断努力攀登高峰；二是要锤炼过硬的本专业基本功，熟练掌握本门类艺术的各种创作技巧；三是要不断突破自我、突破现实和时代的限制，在捕捉灵感的同时，保持巨大的创作热情和激情，保持长久的艺术生命力。

总体而言，一位优秀的"作者型编辑"的成长，关键在于身处时代的生态滋养，关键在于自身的悟性灵性，关键在于持之以恒的坚守努力。

寄语引进版图书编辑

译林出版社原社长、总编辑　李景端

随着出版专业分工限制的放宽，现在除了少数专业性极强的出版社，几乎各社都或多或少地在做引进版图书，许多民营文化公司也热衷于做引进版来谋利，以至现在出版界出现了不少引进版的新人编辑。身为拥有40年出版生涯的老编辑，想借此机会，聊聊我对做引进版图书的体会。

做好引进版图书编辑的三道关

做好引进版图书编辑要把好三道关,即思想关、眼力关和语言关。

首先,要树立正确的指导思想。绝不能引进有严重政治导向问题的作品,否则便可能危害国家与社会。引进外国文化的目的和方针,应该是"洋为中用"。在市场经济条件下,有些出版人只看到某些引进版图书很畅销,为了完成本单位或个人的经济指标,单纯地把做引进版图书当作创收盈利的捷径,这显然是不对的。引进各种"洋",都必须从"中用"出发,并落实到"中用"的实效上。这就要求编辑出版团队在引进选材到出版发行的全过程中,必须始终明确:引进的文化,是对我有益、为我所用的。

其次,要培养能够辨别优劣和美丑的敏锐眼光。外国文化繁杂多样、良莠并存。合格的引进版图书编辑既要坚持开放的视野,又要有认清国情的自觉。我国改革开放的历史已经证明,打开窗口、瞭望世界有助于我们观察外国社会现实。但是引进什么,如何把握其分寸,还必须顾及我国的国情,必须秉持文化自信,警惕盲目崇外,防止引进或夹进文化垃圾。因此,以敏锐的眼光从杂乱的外国文化中择善选优,应成为引进版图书编辑的一项重要基本功。

再次,要努力提高驾驭中外文字的能力。中文不用说了，做引进版图书，要求编辑至少了解一种外文。因为学过外文，观察世界的视野可能会广阔一些，对外国文化的感受也会丰富一些。这对编辑筛选涉外书目是有好处的。倘若编辑没有外文基础，还跟风抢做引进版图书，难免会有风险。

选题注重价值、成本、信息三要素

做引进版图书，除少数外国公版书外，通常无法像做国内原创图书那样事先进行选题策划。若引进健在作者的作品，更无法要求或指望作者会在其作品中体现引进的策划意图。为此，在遴选引进版图书的选题时，要求编辑做到以下几个方面。

一要考虑它对促进我国科学和文化发展的价值。凡对我们有益的，择优首选。有些无益也无害，但可为我们辨别外部事物提供参考、具有认识作用的作品，以及一些健康的娱乐性读物，在导向正确的情况下，可以酌情少量引进。

二要权衡引进版权的难易及其成本高低。引进成本太高，投入超出回报，宁可放弃引进，这一点易成共识。但对外国公版书，因无版权使用限制，引进还有望获利，以致有些出版人不顾低水平重复出版的弊端，还热衷去炒外国公版书的冷饭，这显然是不可取的。

三要经常了解外国有影响的作者的信息,作为是否引进的判断依据。以文学作品为例,外国的文学奖项固然可作引进参考,但切勿盲从,因为获奖作品不一定都是佳作。外国评奖标准及其作品水平都会因时、因人而异,需要我们及时掌握动向,决定取舍。例如日本著名推理小说作家西村寿行,20世纪70年代末,他的名作及同名电影《追捕》揭露了日本社会高层的黑暗,曾一度风靡我国。但到20世纪80年代后期,此人不断撰写恐怖淫秽作品,以至被点名批判,从此我国就不再引进他的书。近几年,即使是获得诺贝尔文学奖的作家,其作品也未必适合引进。这些都是引进版图书编辑要注意的。

引进版权,要重诚信、树品牌

我国自从1992年加入《世界版权公约》以后,获得外国图书版权的渠道主要有四种:一是国家之间签订的文化合作协议,包含互许对方使用版权的相应法律规定;二是外国作者或其版权继承人依其意愿,向我国法人或自然人赠予其版权;三是经版权所有人授权的外国基金会,按照协议的条件,向我国相关人员转让其版权;四是运用商业方式,进行版权议价交易。需要引进版图书编辑关注的主要是第四种。

目前商业性国际版权交易的方式，大致有三种：一是出版社通过译者或相关人士的介绍，直接向外国版权所有人洽购；二是参加法兰克福国际书展等外国书展，寻求与外方洽购的机会；三是通过中华版权代理总公司、安德鲁版权代理公司、大苹果版权代理公司、博达版权代理公司等中介机构，洽购所需引进的版权。迄今以中介公司引进成功的比率最高。

在引进版权交易中，出版人应当着力提升自身的诚信度，创建引进版权的优质品牌，借此提升引进的成功率，切忌图一己之利，造成哄抬版税的恶性竞争。英国作家J. K.罗琳的世界性畅销书《哈利·波特》，很多出版社都想引进。但作者明确表示，她只授权给人民文学出版社，因为

《哈利·波特》中文版初版本（人民文学出版社2000年引进）

她信任该社的引进品牌。又如中信出版社的外国经管书、译林出版社的外国流行小说和人物传记，其引进成功率也较高，都得益于他们在多年引进中形成的品牌效应。与此不同，有一家民营企业花极高的预付金，争到了一部拉美名著的授权，并获得了好的回报。也许有人觉得这种做法很成功，但我并不赞同。因为这样做，只会引发互相攀比，一次成功，绝不代表次次都会成功。哄抬版税的结果，只会是利洋人伤国人。要想在版权交易中赢得持久优势，还是要在重诚信、树品牌上狠下功夫。

签订版权交易合同时，要重视授予专有出版权和非专有出版权的区别。此外，务必写明邻接权的授权许可。因为现在除了纸质图书，还有音像、视频、漫画、缩写、转译、改编以及数字出版等衍生出的传播载体和方式。这些相关权利都要明确规定，以免日后发生纠纷。

对待译界新事物，既包容又坚守

翻译出版，选择译者无疑十分重要。引进版编辑当然要积极建立并拓展国内外翻译圈的人脉。要充分利用参加各种翻译学术活动的机会，主动和广泛地结识译界新老翻译家。我每逢参加相关翻译或文学的学术会议，必定索取与会名录，从中选择对象，或主动造访，或向他赠书，或

余光中（左）与李景端（右）

事后致信讨教。日积月累，结识的译界朋友多了，可供选择的译者范围就广了。如今译界资讯来源很多，搜索译者信息渠道，年轻人肯定比我们这一辈人在行，无须多言。

我只想强调一点，就是对待翻译界出现的新事物，要抱着既包容又坚守的态度。

随着市场经济和传播技术的发展，如今在翻译市场上出现了网络翻译、快餐翻译、众包流水翻译、机器和软件翻译等新事物。一本《乔布斯传》，从翻译到出版上市，只用了35天时间。有的书，甚至实行作者写一章，即时翻译一章的办法，做到中英文本在国内外同一天上市。这当然是出于市场竞争的需要。对上述翻译图书的译文质量，难免有人质疑，我未加审阅，无法判定。但我想，翻译市场这些新事物，一是有人买，市场有需要；二是国家法律未禁止。那么，就应采取包容态度，让市场和消费者去检验它的存在。作为主管部门，则要对其加强监管和引导，力求扬优治弊。

但对从事翻译学术研究的专业人士，以及承担着传承和传播优秀文化重任的职业出版人来说，在包容的同时，更要保持坚守的心态。引进版图书编辑要坚守出版物的文化品位，坚守引进版图书的翻译质量，坚守出版人的职业道德。拒绝跟风，不为利所屈。这个要求并不高，肯坚守，就一定能做到。

译稿处理，因事制宜

对待译稿，编辑毕竟不是校订者，不能要求他对译稿全书逐句进行审订。这就需要对不同译者的翻译资质、翻译经历、翻译实践，进行多方面的了解和考察，区别对待。比如，对已经有过较多翻译作品或翻译研究成就较高的翻译家，应给予信任，实行"文责自负"，仅对有疑问的译文，加以考证和咨询。而对初次接触的新译者，通常要求他先试译一两节，审度其翻译水平及文字表达能力，再确定是否足以签订翻译合同。

编辑不可能通晓各种外文，遇到陌生语种，只能约请外审或外编。但必须充分了解外审人员的专业水平及工作态度，对重要书稿，力求经不同外审审读两遍。由于外审、外编多是非专业出版人，所以外审之后的译稿，仍需编辑按照出版法规和体例，进行认真编校。

处理译稿，经常要面对要不要和如何恰当删节的问题。对此，似无确定和统一的答案。因为它涉及国情、版权、译者的翻译理念、传播的需要等多方面的因素。

例如，20世纪80年代有位译者，因未删除原著中尚无定论的事情，被起诉侵犯当事人名誉，当时此案在法律界和翻译界都引起很大争议。历经几年诉讼，综合多种因素，最终还是译者败诉。尽管译界许多人对判决结果持有异议，但这已经成为译者因未做必要删节而承担过错的先例。与此相反，有一家出版社删除外版书中某些不实内容，被外方以违约为由终止了授权，这是因删节而出现的另一种情况。

纵观图书市场，不少引进版图书都存在某些删节。因为是公版书，不涉及版权问题，删节只是翻译家个人翻译理念的反映。比如，傅东华对《飘》的多处删节、杨绛对《堂吉诃德》的"点烦"删节，虽在译界有一些争议，但这些译本，都被读者和市场认可。杨绛译的《堂吉诃德》不仅成为该作品最畅销的中译本，还被授予了西班牙国王勋章。

现实工作中尤需注意的是如何对待有版权期的作品。

第一，涉及国情的，该删的还得删。但最好在洽购版权合同中，注明允许出版方作少量必要的删改。考虑到我国的市场大，不少外方经纪人会愿意接受这项约定。第二，尽量加强与作者的沟通，寻求对方对必要删节的理解。《译林》在刊发日本作家石川达三的《破碎的山河》时，认为有必要删去小说中偷看女人洗澡的一段暴露描写。我通过译者金中向石川达三提出这个请求。随后他回复说，原稿中本无这一段，是日本出版商要他添加上去的，所以他同意删节。这就把难题解决了。第三，是否删节，以及如何删节，就要看翻译家的智慧了。现在译者的责任和处理权更大了，这就要求他对删节的处理格外谨慎。总之，在删节问题上，需要作者、译者、编者三方多沟通，因事制宜，不同情况不同处理。

新时代好编辑应有三种能力

青岛出版集团原副总编辑、青岛出版社原总编辑　高继民

干了一辈子的编辑，给别人讲了无数次如何才能成为一名好编辑的课，可始终没有搞清楚该如何做一名好编辑，因为编辑这个行业是如此丰富多彩，因为时代总是赋予编辑更多更重要的功能，所以，套用一句时髦的话：做好编辑永远在路上。

记得2013年参加在东北地区召开的一次会议时，我曾预言，未来媒体可以嬗变，企业可以倒闭，但编辑职业不会消失。这个判断是基于对编辑功能的认识。当然，编辑们若不能放大这些独特的功能，其职业的社会价值也难以充分体现。

怎么样才算是信息技术时代的好编辑呢？除了传统意义上的职业素质高、工作热情高、文字水平高、情商智商高、社会活动能力强等条件外，还应该具有判断力、批判力和整合力三种能力。

敏锐的判断力

判断力不仅仅是校勘的能力，不只是润色纠错和成书的能力，而是一种职业下意识。把句号画得再圆，把正确的废话修改得再通顺也不能成为好编辑。在浏览看似平淡无奇的作品、言论时，能迅速、敏锐地捕捉到深藏其后的政治风险，能预知文学艺术作品潜在的经典价值，能预判某种学术观点、成果的学术地位和应用前景，能感受到作者的人格力量、学术底蕴，才具备做好编辑的条件。判断会有偏差，判断会截然不同，但是对选题和作品进行判断就是编辑的工作，这项工作充满了挑战和趣味，成功意味着巨大的幸福，失败也会给自己积累下宝贵的财富。做10个项目成功7个，就是一个了不起的好编辑。

敏锐的判断力是选好题的基础，是坚持正确政治导向的保证，是创意出新的助推力。当然，敏锐的判断力不是超自然的能力，是编辑在职业生涯的长期浸淫中、在热爱中形成的素质，是对社会政治、经济、文化、文学、艺术等保持兴趣和探究的结果，是热爱读书、思考、社交的产物。判断力不是天生的，其敏锐程度与机遇成正比，与勤奋成正比，与学养成正比，与对美的感受力成正比。当然，也与试错所得的教训成正比。出版社应该为好编辑的成长提供试错环境，给予更多的包容。

敏锐的判断力是创意的翅膀。许多编辑最不喜欢去书城，因为凡是他想出的书似乎都已经出版了；许多编辑最不喜欢去仓库，因为积压如山的图书扼杀了他选题的冲动。但是，在好编辑的眼里，芸芸众书独缺那一本，过剩的产品预示着新的需求。对大势的正确判断奠定成功的基础，对细节的正确判断引发出人意料的效果。霍金《时间简史》

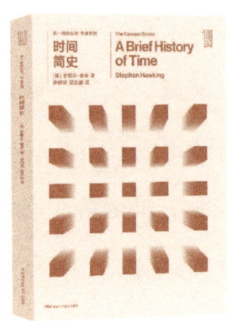

"第一推动丛书·宇宙系列"《时间简史》
（湖南科学技术出版社）

最早出版的中文版只能印300册，而几年后以"第一推动丛书"的名义出版就可以发行几十万册。

犀利的批判力

如果说判断力靠的是形象思维，那么，批判力仰仗的就是逻辑思维。批判就是手术刀，作品中的矛盾、硬伤、瑕疵都会在编辑犀利的批判力下显形。因为世界上没有完美的作品，任何作品都存在或明显或隐蔽、或厚今薄古或顾此失彼、或前后矛盾或风格不一的问题，所以编辑要通过自己的理性思维和科学推论，让作品趋于完美。千万不能先入为主地看待任何作品和作者，任何时候都要保持独立思考的职业特点，人云亦云是大忌。

有人说，编辑是好作品的第一个欣赏者，其实编辑有时也是"有毒"食品的试尝者和把关者。编辑要始终站在读者的立场上，超前一步，守护住读者的精神安全、出版社的政治安全和社会的道德底线，否则就不是一个好编辑。

所谓批判力，其实就是对话力。即使编辑不是专家，也有自己的职业优势；即使作者是专家，也不可能穷尽看问题的所有角度。这就为编辑与相关领域的顶级专家开展讨论提供了空间，小到一个字词的使用，大到学术观点的商榷，通过对话赢得作者的认可和敬意，通过对话学习和填补知识的空白。通过批判和对话的方式，编一本书认识一个专家，也就等于修了一门功课。当然，如果批判的结果提升了作品的质量，甚至完善了一门学科，那就功莫大焉！

批判力强的编辑见微知著，能够根据作者的一个小瑕疵、小观点、小描写而对全书提出质疑。批判力强的编辑识时务，不畏浮云遮望眼，能够忍受作者不完美的小节，而成就一部人类的经典。我曾经接触过一部讲历史的稿件，文字很有功力，叙述少有破绽，文风趣味华丽，但我隐隐感觉它在影射现实，遂果断弃用，绕开了一个有可能导致"翻船"的"暗礁"；也曾抓住一个不是机会的机会，通过《中国—新长征》一书的出版开发出"中方投资，外方制作；中方出版，外方营销发行"的崭新合作模式，为讲好中国故事、扩大中国在国际上的影响力作出贡献。

《中国—新长征》（青岛出版社）

纵横捭阖的整合力

编辑应该是策划大师。作者把原创的内容授权给出版社，这仅仅是事情的起始。好的编辑会调动资源，把授权内容放到一个系统里或一个平台上审视，围绕优质内容资源进行更深、更广的设计开发。2009年，青岛出版社的围棋培训教材出版之后，出版社还牵头成立了全国业余围棋培训联盟，举办了全国业余围棋比赛，组织国际交流活动，举办围棋夏令营，整理出版围棋古谱，赞助全国围棋甲级联赛，签约围棋专家，开办围棋网站等，一套书的出版竟然促进了围棋文化和围棋产业的繁荣。

《速成围棋 入门篇》（青岛出版社）

对优质内容没有策划，使效益局限在内容本身，这是平庸的编辑；优质内容被拙劣策划，会抵消全部效益，这是不称职的编辑；优质内容优秀策划，会以指数级放大效益的影响，这才是优秀的编辑。优秀的编辑也和优秀的厨师类似，能化普通为神奇，把寻常食材做成顶级盛宴。

这个时代为整合力强的编辑提供了巨大的舞台。一次出版多形式呈现，平装本、精装本、文库本、拼音本、大字本、特精纪念毛边本等，可充分利用材料、工艺的多样性，根据需求的不同，为读者量身打造；一次出版多渠道抵达，可以充分利用现代数字技术进行传播，虚拟的、实体的、团购的、微商的、私人定制的等；一次出版多样态呈现，增强现实（AR）的、虚拟现实（VR）的、有声的、动漫的、微电影的、触摸的、穿戴的，不一而足。我相信，随着信息技术的进一步发展，编辑可以利用的道具会更加丰富，施展才华的舞台会更加宽广，做出的图书会更加精彩。

现在的编辑们常常抱怨生不逢时，面对信息技术的冲击惊慌失措。作者强调内容为王，只要有好的故事，读者自然喜欢；技术开发商认为技术为王，读者不再需要图书馆；运营者举起渠道为王的大旗，高呼好酒也怕巷子深。在这种情况下，出版业需要的是整合者，需要的是领导者，需要的是战略指挥员和顶层设计师。而编辑，无疑处于时代的制高点上，海阔凭鱼跃，天高任鸟飞。

以工匠精神坚守和传承经典

《没头脑和不高兴》编辑出版团队
浙江少年儿童出版社原社长　汪忠等

作为一部创作于60多年前的经典原创儿童文学作品，任溶溶的《没头脑和不高兴》堪称穿越时光的经典，影响了一代代读者。对浙江少年儿童出版社（以下简称"浙少社"）来说，这本书是当之无愧的镇社之书，与我们合作了20余年的任溶溶同样是举足轻重的镇社之宝。

这样一本镇社之书，是我们的编辑团队几代出版人接续奋斗的成果。在这个团队中，很多编辑付出了大量的心血和努力，他们的身上都体现着对工匠精神的坚守。《没头脑和不高兴》最初是20世纪60年代作家创作的一个故事，后来变为一部妇孺皆知的动画片，已经沉淀了几代读者的期待，经受住了时间的检验。我们既然要做这本书，就需要做出与时代和品质相匹配的打磨和塑造。也正是几代编辑、营销和出版团队的坚守、付出和创新维护，才使这部作品成为一本现象级的经典畅销书，成为跨时代的经典。

几代编辑的热爱和维护

回溯《没头脑和不高兴》的出版历程，还要从20世纪60年代这个童话的诞生讲起。

当年身为出版社编辑的任溶溶经常要去少年宫给小朋友讲故事，本来讲的都是翻译故事，没想到讲得多了，自己头脑里也跑出了一些故事。任溶溶小时候就是一个"没头脑"，做事情糊里糊涂，经常打个折扣；"不高兴"则是发生在任溶溶孩子身上的故事，天冷了，奶奶叫孩子加点衣服，孩子总是蹦出一句"不高兴"。任溶溶把孩子们身上共通的缺点编成故事讲给孩子们听，故事的两个主人公一个叫"没头脑"，一个叫"不高兴"。"没头脑"做事丢三落四、忘东忘西，"不高兴"永远是让往东偏往西，这个故事很受孩子们欢迎。

当时上海《少年文艺》杂志社的编辑听了故事之后觉得很有趣，就让任溶溶马上写下来，并空着版面等在那里，逼得任溶溶到截稿前两个小时才在咖啡馆里一口气写出来，读了一下就交出去发排了。这个故事一经发表就受到孩子们的喜爱，后来在1962年被上海美术电影制片厂拍成了美术电影，成为一代人难以忘却的美好记忆。

在浙少社之前，别的出版社就已经出版过《没头脑和不高兴》的图书。而浙少社是第一个将任溶溶包括这本书在内的作品进行全方位深度开发的出版社。

浙少社与《没头脑和不高兴》结缘，是因为出版人、评论家孙建江，他与任溶溶是忘年交。1998年，孙建江在浙少社策划了影响深远的"中国幽默儿童文学创作丛书"，第一批出版的书中就有任溶溶的儿童诗集《我是一个可大可小的人》。在随后推出的"中国幽默儿童文学创作·任溶溶系列"里，《没头脑和不高兴》先后在2004年出版了小16开全彩版、2008年出版了32开黑白插图版。值得一提的是，2012年出版的《没头脑和不高兴》（注音版），迄今已经销售650余万册，是《没头脑和不高兴》销量最高的版本。2016年，为庆祝"没头脑和不高兴"故事创作60周年，浙少社又推出了《没头脑和不高兴》（荣誉珍藏版），目前已销售20万册。

《没头脑和不高兴》（注音版）
（浙江少年儿童出版社）

团队里有人小时候就读过《没头脑和不高兴》

王宜清是浙少社副总编辑，也是《没头脑和不高兴》（荣誉珍藏版）的责任编辑。作为"70后"，她自己小时候就读过《没头脑和不高兴》的故事。儿童文学硕士毕业的她，每当谈起自己的这份童年阅读体会时都兴奋不已："《没头脑和不高兴》这个故事是真正儿童本位的，语言来自生活，如此轻松幽默，细节是那么夸张又可感。作者是如此懂孩子，又能不着痕迹地引导孩子，那种对儿童心理极到位的契合，那种真诚和平等的讲述姿态，是真正深入儿童生活内核的体察和记录。"她很高兴自己在2015年担任浙少社文学出版分社社长后,很快就接到了策划、编辑《没头脑和不高兴》(荣誉珍藏版)的任务。

借助社里强大的营销发行团队的努力,2012年推出的为一、二年级小读者量身定制的《没头脑和不高兴》(注音版)已成为现象级的畅销书。编辑部也经常接到一些家长、老师的来电、来函,表达对《没头脑和不高兴》作品的喜爱,希望能进一步了解更多任溶溶的作品。这促使编辑们不断讨论思考:还能为读者提供什么;还能为品牌做些什么;在市场、口碑之外,如何树立标杆、提升品质。在一番细致的市场调研之后,浙少社决定顺势推出高品质的荣誉珍藏版精装本,作为浙少社"经典永流传"这个套系的首部作品。

为使荣誉珍藏版名副其实,编辑们多次讨论书稿的组成。2016年的春天,王宜清和同事陈力强赶往上海,去到了漕溪北路上海美术电影制片厂新厂,得到了该厂领导的大力支持,于是就有了简约有趣的附录"经典美术片回放"。为致敬经典原貌,编辑们在书中采用了著名漫画家詹同渲当年为《没头脑和不高兴》所配的精彩插图,线条鲜活传神。为了让神貌更统一,其他几篇故事的插图又约请了詹同渲的儿子詹咏绘制,为这本书留下了父子二人联袂创作的佳话。

《没头脑和不高兴》(荣誉珍藏版)
(浙江少年儿童出版社)

为了让美术片与图书能够有更好的结合效果,编辑和设计团队用了10天时间,将原本不到21分钟的美术片按秒拆成1000多帧,挑选出最有画面感和节奏感的画面,再请画手重新勾线、填色,排成图文并茂的50多个版面,使作品不仅有美术片的艺术氛围,更具有文学阅读感。

《没头脑和不高兴》的故事还在继续讲述着

除了《没头脑和不高兴》(荣誉珍藏版)外,王宜清还参与了任溶溶多部图书的编辑,她对编辑工作也有了更深的体会:"做编辑越久,越觉做好不易,心生敬畏,境界难达。这么多年有幸参与编辑任溶溶的图书,获得了一些荣誉,但此间的长远收获远远溢出我的工作本身,超出术业之外,让我对编辑价值、出版理念有了更多的思考,对工匠精神、传承力量有了更多的体悟。"

浙少社和《没头脑和不高兴》的故事还在继续,和任溶溶的缘分也还在延续:浙少社正陆续推出"任溶溶幽默儿童文学创作(插图版)";也将继续与上海美术电影制片厂合作,收录由任溶溶编剧的美术动画片,打造相关电影版图书;同时还在开发任溶溶作品的有声类产品;等等。

《没头脑和不高兴》五代人共读,未来还将有一代代读者成长起来。这部经典,历时越久,光芒越盛。浙少社与任溶溶图书的缘分还将继续,传承和创新永不止步。在这个过程中,能见证、参与,并在传承中添一份小小力量,这是对一个出版人最有意义的回馈。

"幸运"千载难逢，"压力"无与伦比

少年儿童出版社副总编辑　洪星范

说起我国的青少年科普事业，一定绕不开《十万个为什么》。

据不完全统计，从1961年到现在，6个版本的《十万个为什么》累计发行量超过1亿册，成为几代父母为孩子购书的首选。

1998年，《十万个为什么》荣获国家科技进步二等奖。这是该奖项自设立以来第一次授予一套科普图书。新中国成立50周年前夕,这套书被千千万万的读者推选出来,成为"感动共和国的50本书"之一。2017年6月,国家知识产权局商标局经过审核,正式批准了"十万个为什么"的商标申请。

我与这套传奇之书结缘是在2011年,那时我刚调到少年儿童出版社任副总编辑。因为有10余年的科普编辑经验,我当时的工作任务非常明确:负责第六版《十万个为什么》的编辑出版。

作为一名"70后",我是读着第三版《十万个为什么》长大的,这也是我唯一一套从儿时保留至今的书。能有机会重新打造一套寄托着儿时梦想的书,这样的"幸运"真是千载难逢!当然,这也是一套寄托着全国几代人梦想的书,对于一名编辑来说,这样的"压力"也是无与伦比!自己责无旁贷,只能和同事们一起,以百倍的热情和坚定的信念,把这一寄托着无数国人情怀的少儿科普第一品牌,打造成适应新时代发展需要的新经典。

向前辈学习

1959年,少年儿童出版社专门负责知识读物编辑出版工作的第三编辑室中,几位年轻的编辑在主任王国忠的带领下,经过充分酝酿讨论,决定为高小、初中的孩子编写一套回答各种自然科学问题的百科式图书。大家逐个思索了几十个题目,最终受苏联科普作家伊林《十万个为什么》这本小册子的启发,不约而同地选中了这个书名。

让编辑们头疼不已的是,花了近一年时间组来的6万字稿件,所选的问题都是顺着教科书上的知识提出的,内容也是教科书内容的延伸,就连解答问题用的语言也是教科书式的。在这种情况下,唯一的选择就是推倒重来。

编辑们重新整理思路,转而向孩子征集问题。为了使文章通俗、活泼、生动,每个编辑自己先动手写几篇样稿。同时,还约请了200多位作者参与撰稿,这其中就包括当时最年轻的作者、大二学生叶永烈,他也是第一版《十万个为什么》中写作条目最多的人。

大量的稿件花费了编辑们大量的心血。作者为一篇几百字的文章数易其稿,写上几千字,这是质量的基础。但编辑改稿,核对数据的准确性,为弄清一个实际问题而四处奔波、访问考察,在文字上不断提炼、推敲,所付出的劳动也是不可忽视的。

第一版《十万个为什么》能成为经典,自有其理由。在我看来,这套书的编辑团队,以超越时代的编辑智慧和编辑精神,创造了一个不朽的出版传奇。在20世纪50年代末的时代背景下,前辈编辑们要打造一套百科式的知识问

第一版《十万个为什么》(少年儿童出版社)

答类图书,这样的选题思路本身就是巨大的创新。面对采用传统方法组到的稿件,编辑团队唯一的选择竟然是推倒重来。"要想编好这套书,就得走新路,创造一些新的工作方法,突破教科书和课堂教学的框框"成为他们共同的编辑理念。于是,"向孩子们征集问题""请最著名的科学家写稿"这两点就成为历代版本的《十万个为什么》一直坚持的基本编辑原则。同时,编辑还必须自己动手写样稿,认真推敲每一个字词。前辈编辑们在打造经典的过程中体现出来的创新精神和工匠精神,值得现在的每一位青年编辑学习。我也从中学到了很多。

主要负责第六版的工作

在进入少年儿童出版社工作前,我在出版的各个产业链上都或多或少地锻炼过。由于主要编辑的是科普图书,因此对这类图书的市场、策划、作家都有一定程度的了解和资源积累。其间4年的文化公司创业历程,也让我深刻体会了管理、团队与合作的意义。如果没有多年的经验积累,我肯定没有勇气承担《十万个为什么》的项目,仅这个"国家重大出版工程"的压力就承受不起。

2011年年初,我通过公开选拔,进入少年儿童出版社工作,任副总编辑,分管科普类图书和数字出版工作。当时的工作重心,就是在时任社长李远涛的领导下,作为《十万个为什么》第六版具体的项目负责人,努力推进这一国家重大出版工程的编辑出版工作。

2011年3月,第六版《十万个为什么》编辑出版工作启动。经过认真调研和充分论证,我在较短时间里撰写出了近万字的《〈十万个为什么〉(第六版)出版规划》,在此基础上确定了在新的历史时期新版《十万个为什么》编辑出版的三大战略,即"精品战略""品牌战略"和"数字战略",为整个项目的迅速推进奠定了基础。

历经两年风雨,2013年8月,第六版《十万个为什么》圆满完成。如今回过头来看,在第六版《十万个为什么》

的编辑出版过程中，我最自豪的事情有两件。

一是在短时间内组建了一支创新型的青年编辑团队，其中包括4位来自中国科学技术大学、复旦大学等名校的博士，这些青年才俊在实际工作中迅速成长为能够独当一面的优秀编辑，为整个项目的顺利推进起到了关键作用。图书出版后，"《十万个为什么》项目组"先后获得了"上海市青年五四奖章集体"和"2010—2014年度上海市模范集体"的荣誉。

二是组成了中国科普史上最为强大的编纂阵容，共邀请到115位两院院士、768位优秀的科学家和科普作家。项目组共召开了150余场不同形式、不同规模的编纂研讨会，参与讨论的专家学者超过1500人次，创造了中国科普史上一个又一个奇迹。

编辑过程中也有不少令人难忘的事，我印象尤为深刻的就是在复旦大学举行的《数学》分册审稿会。因为这次会议持续时间很长，来自全国的审稿专家们把分册的全部内容认认真真审了一遍，前后用了3天时间；而且标准严到近乎残酷，一次审稿会，全书三分之一的稿子被"毙"，必须重新约稿、重新撰写。

第六版《十万个为什么》的成功出版，也让身为负责人的我有幸被授予上海市科技进步奖一等奖。

第六版《十万个为什么》(少年儿童出版社)

打造科普产业链

虽然现在《十万个为什么》的影响力无法与诞生之初相提并论,但我并不为此感到担忧。随着时代的发展和图书产品的极大丰富,要想回到那个全国少年儿童读一套书的时代,既不现实,也不正常。相反,这正是时代进步、出版业大发展的真实体现,我们应该为孩子们有更多的阅读选择感到高兴。

当然,无论时代如何发展,孩子们心中那份对未知世界的好奇是永远存在的,每个孩子都会有数不清的"为什么"等待回答,因此,由《十万个为什么》第一版的编辑团队开创的这种问答式的百科类图书形式,完全符合孩子的认知天性,也必然有着非常广阔的市场空间。这一点,从书店里层出不穷的同名模仿书就可见一斑。对少年儿童出版社来说,只要孩子们需要,我们就有责任把这套书出好,针对不同年龄段的小读者推出不同形式的版本。无论需要多大投入,付出多大代价,我们都责无旁贷。

进入21世纪以来,科学技术的发展日新月异,各类科学热点层出不穷,《十万个为什么》单以图书的形式、平均10年再版一次的节奏,已很难满足广大读者的迫切需要。早在第六版《十万个为什么》编纂工作启动之初,总主编韩启德院士就提出明确要求,要努力突破《十万个为什么》半个世纪以来单纯以图书的形式出版的单一模式,打造一条以"十万个为什么"为核心品牌的科普产业链,为中国的青少年科普事业探索出一条新路。

从2011年到现在,除了日常的管理工作,我的很大一部分精力都用在了打造这一产业链上。2015年,由我担任主编的《十万个为什么》杂志面世。在此基础上,少年儿

《十万个为什么》杂志(2015年Z1期)

童出版社开发了基于各种网络平台的网络版《十万个为什么》，使这一传统品牌迈入了数字时代。尤其值得一提的是，经过几年酝酿，大型儿童舞台剧《十万个为什么》于2018年7月正式登上上海大舞台，并陆续在全国各城市进行巡演。经过这几年的发展，《十万个为什么》已经不再仅仅是那套感动了无数中国人的科普图书，一个以"十万个为什么"为核心品牌的涵盖图书、期刊、电子出版物、网络平台、舞台剧的科普教育产业链已见雏形。

少年儿童出版社希望再用几年的时间，把自己建设成中国最主要的少儿知识类出版物生产基地，为推动青少年科学素养的提高作出新的贡献。

后 记

《给青年编辑的十六堂课①》《给青年编辑的十六堂课②》是由诸多富有长期实践经验的优秀编辑写成的关于怎么做书的书。两册图书中辑录的32篇文章，内容都是这些出版人"实话实说"自己职业生涯中的做书经验和体会感受。

两册书所收录的文章，绝大部分在《中国新闻出版广电报》上发表过，多数来自报纸"新老编辑面对面""镇社之书背后的出版人"等品牌栏目的约稿，每一篇文章发表后均在行业内引发反响或热议。在结集出书时，我们将这些出版人做书的故事化为每本书的十六堂课。

优秀的出版人是怎么做书的？

在书中，你可以看到聂震宁、黄强、黄书元、贺耀敏、海飞、翟德芳、陈鹏鸣、周百义、耿相新、李景端、高继民等优秀出版人,将他们多年的从业感悟、编辑心得,"掏心窝儿"般亲切自然地娓娓"讲"来。

优秀出版社的"镇社之书"是怎么做出来的?

在书中,你可以看到人民教育出版社、人民文学出版社、商务印书馆、生活·读书·新知三联书店、化学工业出版社、机械工业出版社、中国少年儿童新闻出版总社、浙江少年儿童出版社、接力出版社、少年儿童出版社、长江文艺出版社、希望出版社、新蕾出版社等众多出版社,是怎么打造自己的"镇社之书"的,字里行间"干货"满满。

无名小编是怎么成长成才的?

在书中,中国编辑学会评选出的首届"中国十大优秀出版编辑"中的8位——韩敬群、黄一九、郑海燕、吴雪梅、杨宗元、何军民、郑殿华、蔡敏讲述了他们的编辑故事。他们中编辑职业生涯最短的也有15年了,因此,他们的讲述生动"有料",值得每一位编辑工作者学习借鉴。

《易经·系辞》曰:"形而上者谓之道,形而下者谓之器。"编辑做书,既要坚守形而上的道,也要践行形而下的器。在这两册书中,这些优秀的出版人既谈到了做书之"道",也谈到了做书之"器"。

他们谈到了做书之"道"。

他们认为,做书要有境界。韬奋基金会理事长聂震宁提出,做精品书,归根结底是境界:编辑、出版人首先要有做精品书的强烈欲望,其次要具备做精品书良好的职业修养,再次要有做精品书的激励机制和评价机制。

他们认为,做书要有爱与责任。"当真正做起了编辑的事情的时候,我就不可救药地爱上了这个行当。"生活·读书·新知三联书店原总编辑翟德芳直抒胸臆。人民出版社副总编辑陈鹏鸣认为,好书与差书的区别,关键往往在于编辑是否尽职尽责。

他们还归纳了做一名优秀编辑的要素。青岛出版社原总编辑高继民认为,新时代好编辑应有敏锐的判断力、犀利的批判力和纵横捭阖的整合力三种能力。翟德芳认为,做一个好编辑有以下"五要":你要是一个爱书的人,你要了解读者、了解市场,你要有激情,你要注重自我的提高,你要能守得住寂寞。文物出版社考古图书中心主任蔡敏则认为,编辑不能光看自己的稿子,要做到"眼观六路,耳听八方",要学会比较,这样才能锻炼出自己的眼力。

他们也总结了编辑要坚持的精神与原则。北京十月文艺出版社总编辑韩敬群说:"我们十月文艺出版社提倡编辑与作者同行共进、共同成长的专业精神，提倡'毫发无遗憾'的编辑风格。"湖南科学技术出版社原社长黄一九说："编辑一定要有属于自己的编辑思路，形成体系，而不能东一榔头西一棒子。"商务印书馆学术编辑中心编审郑殿华认为："编辑工作本质上是创新，而不仅仅是文字方面的修修补补。"

……

他们谈到了做书之"器"。

从《商务人要做世代相传的出版项目》中，可以明白经典一定要坚持品质第一的原则。以商务印书馆的"汉译世界学术名著丛书"为例，这套书的出版要经过四方面考核：按规划出书，选题上一定选取具有里程碑意义的学术经典著作；保证翻译质量，邀请专业学者担任翻译工作；中译本先出版单行本，再综合图书学术价值、翻译水准及学界评价确认是否入选；实行专家论证制度，所有入选的名著均须经过专家充分论证。

从《"幸运"千载难逢，"压力"无与伦比》中，能够了解出版人是怎样创新选题思路的。累计出版6个版本、发行超过1亿册的《十万个为什么》，少年儿童出版社在组织首版出版时，为了让图书有别于教科书，完全推倒了花了近一年时间组来的6万字的稿件。为了使文章写得通俗、活泼、生动,每个编辑自己先动手写几篇样稿。同时,还约请了共计200多位作者参与撰稿,作者为一篇几百字的文章数易其稿,常常要写上几千字。流传60年而不朽的出版传奇,就是凭着这样的编辑智慧和编辑精神打造出来的。

从《好书能让出版人的生命延续》中,可以了解到,做一套好书不仅需要出众的眼光和精细的编辑,还需要出版社领导长袖善舞,能够化解经济方面的难题。长江文艺出版社出版"跨世纪文丛"第四辑时,因为社里没钱而无法接续出版。时任社长周百义顶着极大的经济压力,通过职工集资、向银行贷款,继续出版"跨世纪文丛"第四辑。

从《求真、求新的出版精神薪火相传》中,可以知道经典要传承也要创新,要"变"亦"不变"。畅销50多年的化学工业出版社的《机械设计手册》,"与时俱进"体现的是"变",跨越两个世纪,《机械设计手册》在各版修订中不断增加新的内容,力求及时反映当时科技发展水平和机械设计趋势,对国家标准、行业标准进行全面的更新。而在这种"变"中也有着永恒的"不变",那就是"权威实用、内容齐全、简明便查"的特色,以及"给技术人员写书,让设计人员能用,替使用者着想,为读者服务"的初心。

从《今生难得和金波亦师亦友》中，可以学习编辑应该怎样和作者交朋友。接力出版社总编辑白冰把儿童文学作家金波看作老师和朋友，每次写完作品，他就拿给金波看。接力出版社的编辑们把金波看作他们的精神导师，一有机会，就主动向金波求教；遇到拿不准的选题，也会请金波参与他们的选题论证会，给出指导意见。接力出版社的"镇社之书"——金波主编的"中国传统童谣书系"，就是在双方的长期合作中诞生的。

……

故事都在文章里，我们把这些文章集结成书出版，就是希望能把这些充溢着出版智慧的"道"和体现实践技能的"器"分享给同人，让更多的编辑特别是年轻编辑从中获得精神的力量、智慧的启迪和技能的提升。衷心希望这两册书能使广大的读者朋友"打开书有所收益，合上书有所思考"。

（中国新闻出版传媒集团有限公司党委书记、董事长）